U0147760

敦煌吐魯番文書研究
下冊

朱雷　著

目次

唐代「鄉帳」與「計帳」制度初探

——吐魯番出土唐代「鄉帳」文書復原研究

　　一九八七年八月，饒宗頤先生在香港中文大學主持國際敦煌吐魯番學術會議，筆者得以叨陪末座，提交題為《唐代「鄉帳」與「計帳」制度研究——吐魯番出土唐代「鄉帳」文書研究》的論文。會後，為集結會議論文出專輯，筆者作了修改。由於「專輯」迄今未出，故當時隔十二年後之今日，再作摘錄刊布，以求教於大家。

　　關於中國古代「計帳」制度的研究，首先是日本學者山本達郎教授。山本教授根據敦煌藏經洞所出 S.0613 號文書，考定為《西魏大統十三年（547）瓜州效谷郡（？）計帳》，第一次提出了西魏「計帳」之制。嗣後，圍繞 S.0613 號文書，日本學者濱口重國、池田溫教授，以及中國學者唐耕耦先生等，均進行了探討。

　　但是，真正掌握吐魯番出土唐代西州高昌縣「鄉帳」文書，並第一個進行研究的是已故唐長孺師。唐師一九八三年在其《唐西州諸鄉

戶口帳試釋》一文中，主要依據這些「鄉帳」殘片進行研究，並指出這些殘文書，就其格式而言，可分為「簡式」與「繁式」二種，「簡式」「可以推知與日本《阿波國計帳》一致……『繁式』……應與日本《延喜大帳式》基本相符或類似。」[1]

　　一九七七年冬，由於整理吐魯番文書的需要，筆者與中山大學姜伯勤先生遵唐先生之囑，赴北京大學善本室抄錄《大日本古文書》中有關籍帳文書時，已抄回《天平（日本聖武天皇年號）五年（733）阿波國計帳》等文書，因此在拼合、分類、定名這批殘文書時，結合唐代和日本文獻，已定名為「鄉帳」。但在最後定稿發抄時，唐師認為還缺乏具體考定，該類文書宜暫定名作「戶口帳」。[2]筆者一九八七年赴港參加會議時，摘出在唐師指導下之部分整理、研究成果公布，其目的在於利用學者雲集的國際學術會議召開之機，以求教於大家。該文力圖復原唐代「鄉帳」之原貌，並推斷「計帳」是諸縣依據「鄉帳」，合為一縣之「計帳」報州，州據之再上報尚書戶部，戶部據各州之「計帳」，合為全國之「計帳」。次則探討這種制度的淵源，並指出它正是為了貫徹「量入制出」的財政收支指導思想而制定的。

　　《舊唐書・食貨志》云：

　　量入而制出，節用而愛人，度財省費，蓋用之必有度也……自古

1　參見唐長孺《唐西州諸鄉戶口帳試釋》，載唐長孺主編《敦煌吐魯番文書初探》，武漢大學出版社 1983 年版。

2　同時，因當時文書整理組內意見不一，故暫採取「戶口帳」之名，留俟以後討論。但筆者在撰文時，仍用「計帳」之說。見《唐代「手實」制度雜識—唐代籍帳制度考察》，載武漢大學魏晉南北朝隋唐史研究室編《魏晉南北朝隋唐史資料》第五輯，一九八三年。

有國有家，興亡盛衰，未嘗不由此也。[3]

《新唐書‧食貨志》云：

古之善治其國而愛養斯民者，必立經常簡易之法……故量人之力而授之田，量地之產而取以給公上，量其入而出之，以為用度之數。[4]

這裡所提出的「量入制出」這一財政收支指導思想，其淵源久矣。早在至遲成書於春秋戰國時期的《周禮》之中，已有相關表述。該書《地官‧徒司》「遺人」條云其職掌：

冢宰制國用，必于歲之杪，五穀皆入，然後制國用。用地小大，視年之豐耗，以三十年之通，制國用，量入以為出。[5]

這裡表明，「量入」即於歲末計賦稅收入總數，扣除儲備部分，方可「量入為出」、「制國用」。

過去，中國學者在研究中國古代財政史、會計史的著作中，已指出歷代統治者為了維持龐大的官僚、軍事機構，支付皇室眾多的花費，開銷必需的公共設施支出，應付突發事件（如戰爭、災荒等）的支出，每年都要徵發大量的賦役。但無休止的、過於集中的過量徵斂，勢必要破壞小農經濟的簡單再生產過程及農民的生存，並最後導

3　《舊唐書》卷四八，中華書局 1975 年版，第 2085 頁。

4　《新唐書》卷五一，中華書局 1975 年版，第 1341 頁。

5　《禮記正義》卷一二《王制篇》，《十三經注疏》本，中華書局 1979 年版，第 1334 頁。

致農民的反抗，終至危及王朝的統治。同時，在古代，農業是整個財政收入的基礎，由於農業生產水平低下，受自然條件支配的程度嚴重，年收、年歉無法預測，因而必然影響到收入預測的准確性。因此，只有當年賦稅收到手後，才能確定來年國家支出用度的限額。這就是「量入制出」的財政收支原則產生的主客觀原因。[6]在這裡，「制出」便成為目的，而「量入」則是手段。在中國古代，隨著財政制度的逐漸完善，不同時期賦役及戶籍人口管理制度的發展和特點，這種「量入」的手段也在起著變化。

至遲成書於戰國的《周禮》，記載《地官·司徒下》「遺人」職掌云：

掌邦之委積，以待施惠。

該條賈公彥疏云：

謂當年所稅多少，總送帳於上，在上商量，計一年足國用外，則隨便留之。[7]

賈為唐人，他所理解的《周禮》之制，是自下而上呈報稅收數額，並於此處用了「帳」字。推想賈公彥就「量入」出發，採用了唐代「計帳」這一財政制度的專有名詞。而據《周禮》、《禮記》所見，當時則稱「簿書」或「簿籍」。或謂此二書成書年代有疑，且多有後世儒家溢美之

6　孫翊剛、李渭清編：《中國財政史》，中央廣播電視大學出版社 1984 年版。郭道揚編著：《中國會計史稿》，中國財政經濟出版社 1982 年版。

7　《周禮注疏》卷一三《地官·司徒下》，《十三經注疏》本。

辭，非是周代之制。但這種財政收支思想及制度，卻非純屬面壁虛構。

春秋時，《管子・立政篇》中提出理財要「明法審數」，其中「審數」之中，即有「六畜人徒有數」一項。[8]戰國時，《商君書・去強篇》云：

強國知十三數：竟（境）內倉口之數，壯男壯女之數，老弱之數，官士之數，以言說取食者之數，利民（商賈）之數，馬牛芻藁之數。[9]

這裡表明「量入」不僅包括賦稅數，也包括戶口、各色職業人數及牲畜乃至蓄糧之數。《淮南子・人間訓》篇中記載了戰國時西門豹、解扁事跡，表明魏國已有按行政區劃，逐級呈報、統計賦稅收入的制度。[10]

湖北云夢睡虎地秦簡中，《內史雜》、《倉律》以及《金布律》諸篇，記載了秦有「計偕」之制，「到十月牒書數，上內史」。復以御史，對上計工作進行監察。[11]漢承秦制，郡有「上計吏」，主一郡之「上計簿」。漢朝極為重視「上計」工作，並置有《上計律》。[12]誠然，漢之「上計」內容包括廣泛，但很主要的內容，無疑還是人戶增減、賦稅收入兩項。一九八八年刊布的江蘇出土東漢之「計簿」原件圖版與初期研

8　參見管仲著，房玄齡注，劉績增注：《管子・立政篇》，上海古籍出版社 1989 年版。

9　《商君書・屍子》卷一《去強篇第四》，上海古籍出版社 1989 年版。

10　參見劉安等編著，高誘注：《淮南子》卷一八，上海古籍出版社 1989 年版。

11　參見《史記》卷九八《張丞相列傳》，中華書局 1973 年版；《漢書》卷四二《張倉傳》，中華書局 1987 年版。

12　程樹德：《九朝律考》卷一《漢律考一・上計律條》，中華書局 1963 年版。引用時，用《漢書》校過。

究成果[13]，使我們得以窺見東漢「計簿」之真面貌。這種制度，直到晉時，尚相沿襲。

東魏末年，殿中侍御史宋世良，至河北括戶，「大獲浮惰」，孝莊帝云：

知卿所括得丁倍于本帳，若官人皆如此用心，便是更出一天下也。[14]

這裡表明河北地區人丁逃亡嚴重，而舊有統計人丁嚴重失實，宋世良括獲甚多，超過舊有統計。孝莊帝所言「倍於本帳」，應指舊有統計之「帳」，從而表明秦漢以來的「計簿」，至遲在東魏末已稱作「帳」了。

而「計帳」之名，始見於西魏之世。以「博覽群書、尤善算術」著稱的蘇綽，於西魏大統二年（536）：

始制文案程式，朱出墨入，及計帳、戶籍之法。[15]

《資治通鑑》置此事於梁大同元年（535）三月壬申後、五月前。該條胡注云：

計帳者，具來歲課役之大數，以報度支；戶籍者，戶口之籍。[16]

13　連云港市博物館編：《尹灣漢墓簡牘釋文選》，載《文物》1996 年第八期；謝桂華《尹灣漢墓簡牘和西漢地方行政制度》，載《文物》1997 年第一期。

14　《北齊書》卷四六《宋世良傳》，中華書局 1972 年版。

15　《周書》卷二三《蘇綽傳》，中華書局 1971 年版，第 382 頁。

16　《資治通鑑》卷一五七「梁武帝大同元年」條，中華書局 1956 年版。

由於蘇綽又復於大統三年（537），「又為六條詔書，奏施行之」。其所謂「六條詔書」，事載本傳，為教官吏、恤民生、用賢良、發展生產的官箴，故宇文泰十分重視，並下令：

其牧守令長，非通六條及計帳者，不得居官。[17]

由此可見，「計帳」之制，不同於「戶籍」，為蘇綽之創制。故宇文泰規定州、郡、縣三級長官皆須通曉「計帳」這一不同於以往制度的新制，否則不能為官。這裡也表明了北周之「計帳」新制，州、郡、縣三級皆有。

關於對 S.0613 號文書的研究，山本教授指出這是西魏大統十三年（547）瓜州效谷郡（？）計帳。但也有的中日學者認為是「計帳戶籍」或「戶籍」。但前引《蘇綽傳》中，已見當時之「計帳」與「戶籍」非是一事，而「戶籍」中，除人口及土地記載外，尚記租調之數。唐西、沙兩州戶籍中，各戶亦記有「租」、「調」兩項。故「計帳戶籍」說不能成立。

隋代亦有「計帳」之制。據《隋書·裴蘊傳》記：

遷民部侍郎。于時猶承高祖和平之後，禁網疏闊，戶口多漏。或年及成丁，猶詐為小；未及於老，已免租賦。蘊歷為刺史，素知其情，因是條奏，皆令貌閱。若一人不實，則官司解職，鄉正、里長，皆遠流配。又許民相告，若糾得一丁者，令被糾之家，代輸賦役。是歲大業五年也，諸郡計帳，進丁二十四萬三千，新附口六十四萬一千

17　《資治通鑑》卷一五八「梁武帝大同元年」條。

五百。帝臨朝覽狀，謂百官曰，前代無好人，致此罔冒，今進民戶口，皆從實者。[18]

由於諸書記載之差異，而對隋代貌閱增丁之舉，有開皇五年（585）及大業五年（609）之說。[19]此處不欲探討究行於何時，但僅就上記可知：

一、隋代諸郡有「計帳」，如同前云西魏之「計帳」，州、郡、縣有計帳。然隋地方行政為郡、縣兩級，故無州「計帳」。

二、諸郡「計帳」合為一國之「計帳」，故隋帝「臨朝覽狀」，得以一目了然。

三、「計帳」之核心為「丁」、「口」、「戶」數的統計，這一點與前云東魏末宋世良括戶得丁成果反映在「帳」上一致。

四、自北魏迄於隋，皆行「均田制」，俱以「丁身為本」，故尤重「進丁」，從前引宋世良及裴蘊傳中反映出，由於他們括得「丁」多，所以各自的皇帝皆大為稱贊。

但作為這一時期的「計帳」作用，我們所見，還僅只是關於「丁」、「口」，甚或包括「戶」之總數統計。誠然，封建國家「人」及「戶」數的增加，尤其是「丁」的增加，最終有利於賦役收入的增加。漢之「上計」，亦有人、戶的統計，在這一點上，蘇綽所創「計帳」新制與漢之「上計」相比較，在統計方式、甚或作用上復又有何新發展？

前引《資治通鑑》胡注所云蘇綽「計帳」，「具來歲課役之大數，以報度支」，但在迄今所見隋及隋以前文獻中，並未見到能證實胡注說

18　《隋書》卷六七，中華書局 1973 年版，第 1575 頁；《北史》卷七四《蘇綽傳》同，中華書局 1974 年版。

19　池田溫著，龔澤銑譯：《中國古代籍帳研究》第三章之一《隋代籍帳的完備》，中華書局 1984 年版。

法的資料。作為 S.0613 號文書所見西魏大統十三年之制，筆者既認為是戶籍，其中也包括了一戶應交賦稅的人（包括良、賤、男、女），按制應授田的「牛」，其應交納的租及調的數量與品種。但西魏之戶籍亦非一年一造，且應交納租調對象即或在一年中，亦可能發生老、病、死的情況，這都會直接或間接影響到預計租調收入的準確性。總之，胡注也可能是把他所理解的唐代之制，去解釋蘇綽的「計帳」新制。從而也表明胡三省認為蘇綽之「計帳」之法，與唐之「計帳」有淵源關係。

唐代有關「計帳」之制的文獻資料，較隋代為多。據《大唐六典》戶部郎中員外郎條云：

每一歲一造計帳，三年一造戶籍。[20]

《舊唐書》卷五一《食貨志》並同，且云：

凡里有手實，歲終具民之年與地闊狹為鄉帳。鄉成于縣，縣成于州，州成于戶部。又有計帳，具來歲課役，以報度支。

而根據《唐會要》記載，在武德六年（623）三月，即已規定每年一造「計帳」，其製作程序：以鄉為基層製作單位，據當鄉諸里之「手實」，造一鄉之「鄉帳」，再總成於當縣，諸縣再總成於當州。州上呈至戶部，最後經戶部總成，應即全國的「計帳」。但《舊唐書·食貨志》又

20　《大唐六典》卷三《尚書戶部》，日本廣池學園本，第 65 頁；《唐會要》卷八五《籍帳門》引武德元年三月令。

云：「又有計帳」，似是與由鄉—縣—州—戶部逐級所造之「帳」有別，殊覺費解。推究其由，可能由於《舊唐書》修於後晉之時，因唐安史亂後，典籍散失，五代紛亂之世，修書匆匆，故有疏漏和訛誤，前引《通鑑》胡注可能沿用《舊唐書》，故亦有誤。

但就是初唐之世，有關「計帳」的理解，亦有可疑之處。《漢書·武帝紀》元封五年（前106）三月：

> 因朝諸侯王列侯，受郡國計。

該條顏師古注云：

> 計，若今之諸州計帳也。[21]

又，同書同卷載武帝太初元年（前105）：

> 受計於甘泉。

該條顏師古注云：

> 受郡國所上計簿也，若諸州計帳。

又見《後漢書·光武帝紀》，載建武十四年（38）：

---

21 《漢書》卷六。

越嶲人任貴自稱太守，遣使奉計。

該條章懷太子注云：

計謂人庶名籍，若今之計帳。[22]

由此可見，顏師古把唐之「計帳」與漢之「上計」的「計簿」等同。雖未必如同前引《唐六典》、《唐會要》等唐代典籍直述唐代「計帳」之制，尚有不夠貼切之嫌。而李賢之注，將唐之「計帳」類同於後漢之「人庶名籍」更令人殊覺怪異。直到在吐魯番出土文書中，見到了據考為唐「鄉帳」的殘卷多份後，並結合《通典》等典籍有關記載，加上利用日本古代律令及古文書後，方始初步得以提出如何據出土之殘文書，考定並初步探索「鄉帳」之原貌，並進一步推斷「計帳」之原貌及其作用。

二

　　新疆維吾爾自治區博物館考古隊多年來，在吐魯番阿斯塔那及哈拉和卓古墓葬區卓有成效的發掘工作，發現了有關「鄉帳」製作的殘文書多件。經過拼合、釋文、斷代及初步考察，可以判定為「鄉帳」。就製作過程而言，可分為兩類：一是第一階段的分類單項統計的草稿，二是一鄉諸里正據「計帳式」，製作當鄉「鄉帳」的草稿。由於唐「計帳」式已不見傳世文獻記載，只能根據這批「鄉帳」殘件，並參考

22　《後漢書》卷一下，中華書局 1982 年版。

深受中國令式影響而製作的日本《天平五年阿波國計帳》及《延喜主
計式》，試圖恢復唐之「鄉帳」帳式，並進一步推斷據「鄉帳」所作「計
帳」帳式的大體原貌。[23]

　　已故唐長孺師早在一九八三年，即已判定這批殘文書，可以分為
「簡式」與「複式」，並指出前者類同日本阿波國計帳，後者類同延喜
主計式。這就為我們的研究指明了途徑。

　　唐師指出，在吐魯番出土文書中，「據文書內容、形式、字跡及其
他特點，經過初步整理及綴合，定為十七件」。其中屬於「簡式」的七
件，並又都集中在阿斯塔那 103 號墓。據《吐魯番出土文書》（二）該
墓文書之說明，「本墓為夫婦合葬，無墓誌及隨葬衣物疏。所出文書多
拆自紙鞋，兼有麴氏高昌及唐代，其中有紀年者為唐貞觀十八年
（644）」。所可喜者，即該書編號為「二」的 68TAM103：20/4 文書殘
片，有「貞觀十六年三月」的三名里正共作之題款的「鄉帳」殘件。

　　該墓出土文書殘件中，已作錄文、定名者共二十四件，又五片過
殘，不可辨識及歸類。除一紙 a、b 兩面，皆為麴氏高昌文書外，餘皆
唐代之物，且是官文書，內容為人戶、土地調查及「鄉帳」殘片。故
推知當是官府舊檔。

　　由於高昌舊習，死者葬具有以紙制之特點。而當時該地雖早有造
紙之技能，但價必不廉，故所見皆利用廢棄之公私文牘製作。今尚保
存的唐《故紙判》，是對「州申遠年故紙請賣充公廨支用」一事所作判
詞。判云：

23　參考唐長孺《唐西州諸鄉戶口帳試釋》，載唐長孺主編《敦煌吐魯番文書初探》，武
　　漢大學出版社 1983 年版。

　　案牘之理，義在隨時。曹局之資，固宜適用。即有年代侵遠，事
蹟淪沒……令式既標年歲，州縣自有準繩。何事強申，方來取決。請
以狀下，任依彝途。[24]

這裡表明，各類公文牘皆依「令式」，各級行政機構各有保存年限，諸
如手實、戶籍等，逾制即可自行處理。這類兩面書寫過的文牘，當然
最適合製作葬具。從而也表明本墓所出製作葬具的舊文牘，既是同一
時期處理的，也即應是同一時代製作的。因此，這批「鄉帳」殘件，
也即是貞觀十八年三月高昌縣下諸鄉里正製作之物。但「鄉帳」即由
各鄉之諸里正分別制定，因此從書法而言，這批「鄉帳」殘件，亦不
可能完全一致。但依據這批雖非一鄉，但確是同一時間的「鄉帳」殘
件，大體能復原「簡式」的「鄉帳」的主要形制。
　　《吐魯番出土文書》圖文精裝本第二冊所收阿斯塔那 103 號墓出土
文書中，這類文書殘件共六件，今擇其中五件作表對照，三欄中有關
部分可以相互補充各自的殘缺部分，借此力圖復原「鄉帳式」，今作表
如下：

24　參見《文苑英華》卷五一一《故紙判》，中華書局 1966 年版；《全唐文》卷九八一闕
　　名，中華書局 1982 年版。

三（第2冊第122頁）	二（第2冊第121頁）	七（第2冊第124頁）
1.武城鄉	1.合當鄉新 [舊]	1.寧戎
2.合去年帳後已 [來] [　]	2.一千二百 [　]	2.□ [去] 年帳後已來，新舊戶 [　]
五（二冊第123頁）	3.六口新附	3.戶三百七 [　]
1.□□百五舊	4.三百卌四雜任衛士老小三疾等	4. [　] 四新
2.戶一十七新	5.二百九十七白丁見輸	5. [　] 十九
3.[合]當鄉新舊口二千六百四	6.二百九十六舊	
4.一千九百八十二舊	7.□人新附	六（第2冊第124頁）
5.八十二新	8. [　] 丁妻黃小女	1. [　] 十二人老寡丁妻黃女已上
6.七百卅三／六百五十六雜任衛士及職資侍丁 [　]	9. [　] 賤	2.一百一十六賤
7.三百卌七／百十三人白丁 [　]	10. [　] 奴	3.五十九人奴
8.二百□四人 [舊]	11.□ [十] 二婢 三新／六十九舊	4.五十七人婢
9.[六]人新	12. [　] 戶口新舊老小良賤見輸白丁，並皆依實，後若漏妄，連署之人，依法罪。謹牒。	（後缺）
10.□百五十二老寡丁妻黃小女	13.貞觀十八年三月日里正陰曹曹牒	
11.一百一十六人賤	14.里正李 [　]	謹按：此殘件六行分類統計項目，特別是賤口總數及奴婢數，皆與第一欄所引之「五」內第十、十一、十二、十三諸行所記同。故應是製作計帳時之物，今附於此處，供對照、補充之用。
12.□十九人奴 丁新／五十四舊	15.里 [　]	
13.□□□人婢 三新／五十四舊		
14. [　] 白丁並依實，後若		
（後缺）		

以上圖表中之「二」或「三」等，表示本件為該墓文書編號，括號中數字為該冊之頁碼。

上表的對照，基本上反映了貞觀十八年的「鄉帳式」。現大略總結

其「鄉帳式」如下：

1.××鄉

2.合當鄉去年帳後已來新舊戶若干

3.　　戶若干舊

4.　　戶若干新

5.合當鄉去年帳後已來新舊口若干

6.　　若干口舊

7.　　若干口新（云新附）

8.若干雜任衛士及職資侍丁老小三疾等

9.若干白丁見輸

10.若干老寡丁妻黃小女

11.若干賤

12.　　若干奴^{若干新}_{若干舊}

13.　　若干婢^{若干新}_{若干舊}

14.合當鄉去年帳後已來戶口新舊老小良賤見輸白丁並皆依實後若漏妄連署之人依法罪謹牒

15.　　××年號某月　日里正某某牒

　　　　　　里正某々牒

　　　　　　里正某々牒

由於前引「二」號文書後殘，不知該鄉有若干里，但一鄉里正共造該鄉之「鄉帳」，所有里正皆應為「連署之人」。

　　從上所作之表中，可看出戶及良賤總口的統計，無疑是一項重要內容，為封建國家提供統計全國戶及人口的最基層數據。同時重要的

還在於統計「見輸白丁」及「不輸」的各色人口，諸如雜任、衞士、職資、侍丁、「三疾」、老、小，等等。[25]這裡同樣證明唐之賦役以「丁身為本」及尤重「現輸」之特色。還必須重視的是：只記戶數（包括現管戶數中的「舊管」與「新」入之數字），不記戶等，不見土地的記載。

　　至於在統計中，採用的會計方式、採用形式如下：

當年總戶（或口）數
若干舊管
若干新附

這種形式，是財政會計專家所云的「三柱式」方法。結合這時期「鄉帳」分類統計的內容，與下面將要探討的一批貞觀末年及其以後之「繁式」相比較，故稱作為「簡式」。

　　從形式、內容與會計之結算方式而言，前已探討了唐師指出的「簡式」鄉帳。但就在吐魯番哈拉和卓一號墓出土的某鄉鄉帳四件殘片中，我們看到了既與前「簡式」鄉帳有差異，而又不同於後將探討的「繁式」鄉帳。

　　據整理者介紹，「本墓經盜擾，無衣物疏，亦無墓誌。所出文書兼有麴氏高昌及唐代。其有紀年者，最早為高昌延壽十六年（639），最晚為唐貞觀十四年（640）」。當然，據此不可斷言該墓不可能有晚於貞觀十四年之文書。就所出之「鄉帳」殘件中，諸色分類統計之首行，

25　關於不輸之條件，唐長孺著《唐西州諸鄉戶口帳試釋》及朱雷著《唐手實制度雜識──唐代籍帳制度考察》中，皆有分別之考察，此處不再引證。

皆標明「合當鄉」，其下再註明諸色分類統計之總數，例如：

　　6.合當鄉良賤總四百廿七
　　11.□當鄉白丁衛士三百卅五人[26]

這與「簡式」鄉帳用語同。而與「繁式」鄉帳中，例用之「去年計帳已來」不同。從而表明本件之若干基本形態，不同於上考之「簡式」鄉帳。

　　但僅就現存之記載，我們看到了兩個變化。

　　首先，在件（一）之行十六至行二十三中，在記載「雜任」一色中，記有「醫學生」、「州學生」、「縣學生」、「□士」、「白直」、「執衣」等各若干人，不同於「簡式」中，有關「雜任」僅記總人數若干。這種記載，有同於下面將要探討的「繁式」記載方式。

　　其次，在件（三）中之行七至行十二中，記載云：

　　7.合當鄉□□□馬牛車[27]

其下四行，分記「犍牛」、「牸牛」、「□馬」、「□驢」、「羊」各若干。而這種統計一鄉之牲畜及車數，不僅不見於文獻，而且也不見於所有其他「簡式」或「繁式」鄉帳殘件之中。此點，頗類同於本文第一部分中所引《管子》之言。但唐代文書及文獻中，有關「鄉帳」、「計帳」記載，僅此一例。

26　參見《吐魯番出土文書》（圖文本）第二冊，文物出版社 1994 年版，第 7 頁。

27　前三字，依帳式例補。

因此，推斷在現存唐貞觀十八年（644）鄉帳後，到下面將要探討的永徽二年（651）的鄉帳之間，有一「過渡式」。這個「過渡」期應在貞觀十八年後到貞觀二十三年（649）間。唐高宗永徽元年（650）後，「鄉帳」就進入了唐師指出的「繁式」階段。

根據唐師所指示的「繁式」鄉帳，又據再次考定，可確認：

1.唐永徽元年後某鄉鄉帳（圖文本《吐魯番出土文書》第三冊，第118-125頁）

2.唐永徽二年後某鄉鄉帳（圖文本《吐魯番出土文書》第三冊，第59-62頁）[28]

3.唐西州高昌縣順義鄉和平里帳（圖文本《吐魯番出土文書》第三冊，第180-185頁）[29]

4.唐乾封二年（647）西州某鄉鄉帳（圖文本《吐魯番出土文書》第三冊，第172-174頁）

以上四件，皆是諸鄉里正為造「鄉帳」時，所作草稿，由於依高昌舊俗，皆用過時無用之舊「故紙」製作葬具，任意拼接裁剪諸如紙鞋之類，故難窺其原貌。四件中，唯第一件不僅時代最早，且保存最多，故在下作表時，置於第一欄。現作對照表如下，以見「繁式」鄉帳之統計諸色內容等與前「簡式」之差異。

28　按本件在《吐魯番出土文書》（圖文本）第三冊，收入「哈拉和卓三九號墓文書」中，分為「六」、「七」兩份登錄。「七」因作為鞋面，經墨涂染，字跡均漫漶不清，不易辨識，可能與上件（指「六」）為同一戶口帳。然「六」、「七」兩份均拆自同一紙鞋之鞋幫及鞋底，又細觀字跡，故今改之，斷為同一件。

29　按本件在《吐魯番出土文書》（圖文本）第三冊，收入「阿斯塔那五號墓文書」中，分為「九」、「一○」、「一一」三份，今觀三份書法及書寫格式皆同，應是同一件文書，今故改之。

唐永徽元年後西州某鄉鄉帳	唐永徽二年後西州某鄉鄉帳	唐西州高昌縣順義鄉和平里鄉帳	唐乾封二年西州某鄉鄉帳
第三冊第118-125頁 （一） 1.____□一百五，年十一已上 2.□一百六十五小男 3.□卅黃男 （二） 1.□五□ 2.□七十七老男 □四，年八十已上。□七十三，年六十已上。 3.□二廢疾男 4.____男 5.□卅九職資 6.□二十二見□ 7.□一十一前庭□ 8.□一校尉 9.□三旅帥 10.□四隊正 11.□三隊副 12.□____ （三） 1.□____一飛□□ 2.□一十二云□□ 3.□一十二武□□ （四） 1.____一百六，年六十已上。	第三冊第232頁 （一） 1.____不課 2.戶五十六老男 3.戶五四篤疾男 （二） 1.____廢疾 2.____六職資 3.____中男 4.____十八已上 5.____年十六已上 6.____小男 （三） 1.____中□ 2.____五課 3.____不輸 4.____見輸 5.____見定□二千九百廿一 6.____□十八不課 第三冊第59頁 （一） 1.□三____寡 2.□一十二□資妻 3.□五十○丁寡 4.□三百○十□丁妻	第三冊第180-182頁 （一） 1.____和平里 2.____管戶八十 3.____□管戶八 （二） 1.□八 2.戶四□ 3.戶四□ 4戶一□ 5.戶一□ 6.戶五十□ 7.戶□ 8.戶□ 9.合今年新舊戶□ 10.□三百八十□ 11.□□百一□□	第三冊第172-174頁 （一） 1.____卅三人小男 2.（上殘）一十五人黃男 3.（上殘）一百卅五人女 4.（上殘）三人婦（下殘） 5.（上殘）廿一人丁寡妻 6.（上殘）一十八人中□ 7.____百八十□ 8.□□人□ （二） 1.____人部□ 2.三人丁 3.一人小 4.一百九十人奴□

續表

唐永徽元年後西州某鄉鄉帳	唐永徽二年後西州某鄉鄉帳	唐西州高昌縣順義鄉和平里鄉帳	唐乾封二年西州某鄉鄉帳
2.□□□丁寡 3.□二篤疾妻 （五） 1.□一十三□□ 2.□一百一十七□□□ 3.□一中女篤□ 4.□一百六十二小女 5.□一卅七黃女 6.□三百卅七賤 7.□二老部曲 8.□一丁部曲 9.□一百五十二奴 10.□廿五老奴 11.□卅□□奴 12.□□□□奴 13.□□□□奴 14.　一百八十二婢 15.□一客女 16.□卅三老婢 17.□七十七丁婢 18.□卅中婢 19.□卅小婢 20.□一黃婢 21.　□二百九十二□□□ 22.□三縣佐	5.□二丁妾 6.□二篤疾妻 7.□廿一□男妻 8.□卅一□女 9.□一百卅小女 10.□七十□□女 11.□百□□ 第3冊第62頁 1.□五□奴 2.□廿□□奴 3.□□□□ 4.□□□□ 5.□□□□ 6.□□□婢 7.□□□老婢 8.□□五二丁婢 9.□□□中婢 10.□廿五□□	（四） 1.□□□老 （下殘） 2.□□□廢□ （五） 1.□□□賤□ 2.□□□九（下殘） 3.□□□十一 （下殘） 4.□□□六老 （下殘） 5.□□□年□□ 6.□□□年□□ （六） 1.□□□百 2.□一十□□ 3.□廿□□ 4.□七十五□□ 5.□卅五□□ 6.□一□□ 7.□六□□	5.五十四□□ 6.一□□ （三） 1.三人□□ 2.廿□人□□ 3.四人老婢 4.一十一人丁婢 5.四人□□ （四） 1.□□□人□□ 2.□□□人□□ 3.□□□四人新□□ 4.三□□ 5.牒件通當鄉去年帳□□ 6.□前謹牒 7.乾封二年十二月日 里正牛義感 8.裡□□□

續表

唐永徽元年後西州某鄉鄉帳	唐永徽二年後西州某鄉鄉帳	唐西州高昌縣順義鄉和平里鄉帳	唐乾封二年西州某鄉鄉帳
（六） 1.□九里正 2.□一州倉督 3.□□州倉史 （七） 1.□二渠長 2.＿＿烽帥 3.＿＿道 4.＿＿終制 5.＿＿廿三年 6.□一廿三年 （八） 1.□五元年母亡 （九） 1.□七＿＿ 2.□五＿＿ 3.□五＿＿ 4.□冊三＿＿ 5.去年計帳已來，課、 不課，輸＿＿ 6.□＿＿ （十） 1.□四衛士入職資 2.□一終制入職資	第3冊第60-61頁 1.□□百卅七／□□百九十 課 2.□□二百九十五／九十三 不課 3.□二一佐史 4.□三里正 5.□廿一二三／五四 侍丁 6.□九十□衛士 7.□五十／＿＿直二年 8.□四＿＿直 9.□五十／＿＿二年白直 10.□一十□□水 11.□廿四殘疾 （三） 1.□五＿＿	8.□一十一 9.□一功＿＿ 11.＿＿五 12.＿＿十三 13.＿＿一 第3冊第185頁 （一） 1.□二小 2.□一十二婢 3.＿＿丁 4.＿＿一中 5.＿＿小 （二） 1.□八十四不□ 2.□卅八衛士 3.＿＿白直 第3冊第183頁 1.□二＿＿ 2.□二縣□	

續表

唐永徽元年後西州某鄉鄉帳	唐永徽二年後西州某鄉鄉帳	唐西州高昌縣順義鄉和平里鄉帳	唐乾封二年西州某鄉鄉帳
3.□七十五見在 4.□□□十課 5.□四破除 6.□三白丁死 7.□一白丁逃 走准式除 8.□五入不課 9.□一白丁□ （十一） 1.□□□十三白□ 2.□□□課入不課 3.□□□見在 4.□□□輸 （十二） 2.□一百一十八從輸入不輸 3.□□□白丁入殘疾 （十三） 1.□□□侍 2.□□□任里正 3.□□□入衛士 4.□□□後加白直 5.□□□白直	2.□一引（中殘）道 3.□二引（中殘）道 4.□一遠□未還 5.□一州□生 6.□二放賤從良給復 7.□一十一終制 8.□一元年七□內父亡 9.□一元年九□內父亡 10.□一元年四□內母亡 11.□一元年□□內母亡 12.□一□□	3.□一領岸頭府旅□ 4.□□□官□騎尉 5.□□□中男 6.□□□年十□已上 7.□□□年十六已上 8.□□□男 9.□□□男	

續表

唐永徽元年後西州某鄉鄉帳	唐永徽二年後西州某鄉鄉帳	唐西州高昌縣順義鄉和平里鄉帳	唐乾封二年西州某鄉鄉帳
（十四） 1.□□生 2.□□一見輸 3.□□輸不輸 交 4.□一百一十八 從輸入不輸 5.□卅七從不輸 入輸 6.去年計帳已來 新附□□ 7 □七十□□ （十五） 1.□一老男□□ 2.□二老寡被 □□ 3.□一丁寡被符 附 5.□□從柳中 縣附 6.□□內附			

由於「繁式鄉帳」之殘缺尤甚，已不如前引「簡式鄉帳」尚可約略窺其原貌，不能如同「簡式鄉帳」作出原貌之復原。故這裡只能指出其製作程式差異之處在於：

1.關於「中男」統計一項，「簡式鄉帳」只作總數統計一項。而「繁式鄉帳」在中男總數統計後，又分兩項即「年十八已上」和「年十六

「已上」口各若干。

2.關於「老男」統計一項，「簡式鄉帳」僅作總數統計一項。而「繁式鄉帳」在老男總數統計後，又分為「年六十已上」、「年八十已上」（但該鄉若尚有年七十至七十九之老男，必還有「年七十已上」一項的分類），分類統計「口各若干」。

3.「繁式鄉帳」中，已明確見到「從輸入不輸」及「從不輸入輸」的明確分類統計。

4.關於「雜任」、「職資」，「繁式鄉帳」中已有明確按各種名色區別的統計。

5.「簡式鄉帳」中記載程式稱「××人」，而「繁式鄉帳」中則作「口××」。但所見「乾封二年鄉帳」又改作「××人」。

以上，除第五條為程式之變化外，其餘第一至第四條的不同，應是實質性變化。可參考拙文《唐代手實制度雜識——唐代籍帳制度考察》中關於「五九」的考定。這些特點，都在於針對作偽籍帳以逃避賦役的現象，而使統計更加周密，用以保證賦稅收入。

三

「計帳」製作的目的，是為「量入」。但如何據「計帳」來進行「量入」？我們在《通典·食貨典六》中，見到了據考為天寶十四載（755）的「計帳」，方始得知這個「量入」過程，即依據「計帳」，如何計算出應徵收戶稅、地稅及租庸調數字的方式。

（一）按戶徵收的戶稅

按天寶中天下計帳，戶約有八百九十餘萬，其稅錢約得二百餘萬貫。

該條腳注小字云：

大約高等少，下等多，今一例為八等以下戶計之。其八等戶所稅四百五十二，九等戶則二百二十二。今通以二百五十為率。自七載至十四載六七年間，與此大數，或多少加減不同，所以言約，他皆類此。[30]

這裡所記天寶中計帳戶數，已略去十萬以下數字。但據同書卷七《歷代盛衰戶口門》云：

（天寶）十四載，管戶總八百九十一萬四千七百九。

兩處戶數最為接近，包括十萬位以上數字皆同，自十萬位以下，一略去不載，一全數載明。此處可證前者所云「天寶中計帳」，實為天寶十四載「計帳」。

前處記云天寶十四載「戶約八百九十餘萬，其稅錢約得二百餘萬貫」，根據小字腳注的說法，即按各戶所應交納「戶稅」乘以總戶數，

30　王文錦、王永興等點校：《通典》卷六《食貨》六《賦稅下》，中華書局 1988 年版，第 110 頁。

即可得出。又按，依唐制將人戶分為「三等九級」（即「上戶」一、二、三等；「中戶」四、五、六等；「下戶」七、八、九等）。「戶等」的劃分，直接涉及兵役征點、「差科」揀充等，同時還要按「戶等」交納「戶稅」。但限於史料的缺乏，雖有多家研究，但無定論。但杜佑所記，天寶十四載「其八等戶所稅四百五十二，九等戶則二百二十二」，應是定額無疑，所惜其餘戶等，不見記載。

　　根據文獻及出土文書，有「戶等簿」，三年一定戶等。但在目前所見西州「鄉帳」中，不見有戶等記載。據唐制所制定的日本《延喜主計式》所見，戶的統計，有課與不課，亦無戶等的分別記載。今據前引《通典》卷六，知在據「計帳」統計戶稅之收入預算時，並不按戶等來分別計算應繳戶稅，而是估計到「上戶」、「中戶」少，而「下戶」中的八、九等戶為多（這一點不僅為文獻所證實，就以唐代西、沙州的戶籍、差科簿等所見，亦是如此。作為封建國家必然瞭解此種「高等少、下等多」，也即「戶等高」而富有或較富有的少，而「戶等低」而貧窮者多的現實）。因此，在根據「計帳」作出來年「戶稅」的收入預算時，即不再按各類戶等依據制度各應繳納之戶稅總計而成，也不按八或九等戶的「戶稅」數為計算標準，而是採取「通以二百五十文為率」。「率」字，據顏師古注《漢書》云：「率，計也。」[31]也即概以此數為標準。

　　今按天寶十四載計帳戶數統計，以每戶交納二百五十文戶稅為統一標準，度支遂得出下年戶稅總入「二百餘萬貫」。杜佑所記戶數，在「賦稅」門下中，記作「戶約八百九十餘萬」，但他在下卷「歷代盛衰

31　《漢書》卷一下《高帝紀一下》高帝十一年二月詔；王先謙《漢書補註》上冊該條補　　註，中華書局 1983 年版。

戶口」門中，完整保留了「管戶總八百九十一萬四千七百九」這個數字。據此戶數，以每戶二百五十文計，戶稅總計應是「二百二十二萬八千六百七十七點二貫」。則當是杜佑作《通典》至此時，將戶數略去十萬以下數字、戶稅收入略去百萬以下數字之故。

但杜佑《通典》卷七記天寶十四載「管戶總八百九十一萬四千七百九」後，腳注云：

應不課戶三百五十六萬五千五百一，應課戶五百三十四萬九千二百八十。

今將腳注之應不課、應課戶數字相加，為「八百九十一萬四千七百八十一萬戶」。此數較管戶總數多出七十二戶。此處差誤的產生，推測原因有三：當時作計帳時，統計出現誤差；杜佑作書時，抄錄有誤；由於後世抄錄、輾轉翻刻，失於校對。三種原因，筆者傾向於第三種。但誤差不過僅僅七十二戶，並不影響今天的研究。

此處關鍵在總管戶數腳注中，註明了「應不課戶」及「應課戶」之戶數，在「管口」總數腳注下，杜佑也分別註明「不課口」及「課口」數各為若干。按唐制，戶及丁口，皆有「課」與「不課」之別，不少中、日學者皆有研究。「課」與「不課」，既有穩定的，更有不少「不穩定」的。為何在前計算戶稅收入時，只按總管戶數計，而不剔去當年「不課戶」數，個中原由，我們只能在肯定這裡記載無誤的前提下，判斷由於「戶稅」收入不以按戶等分別徵收高下不同之戶稅計算，一概以按「九等戶則二百二十二」數上，再加二十八文為「率」，以得出一項「戶稅」的預算收入之故。

（二）按戶以每戶地七十畝為率徵收的地稅

《通典》卷六曰：

其地稅約得千二百四十餘萬石。

該條杜佑注云：

兩漢每戶所墾田不過七十畝，今亦准此約計數。

今按唐制，據《唐六典》、《通典》所記，玄宗開元二十五年（724）定式：

王公以下，每年戶別據「所種田」，畝別稅粟二升，以為義倉。[32]

這裡規定了王公以下，皆須據「所種田」，按畝繳納二升地稅。

如同戶等之中，上戶少而下戶多，同樣在「所種田」者中，少數上戶又占有更多的土地，下貧之戶田地多不足，這在出土唐西、沙二州手實、戶籍及有關土地文書中，皆可見到絕大多數人戶「受田」不足這一現實。因此，度支在計算地稅總入時，亦如同「戶稅」之「通以二百五十為率」之作法，每戶以「七十畝」為「率」計，乘以總管戶數，得出的地稅收入「約得千二百四十餘萬石」。

32　《大唐六典》卷三「倉部郎中員外郎」條；《通典》卷一二《食貨典》「輕重門義倉」條。

今以天寶十四載「管戶總八百九十一萬四千三百九」計，每戶七十畝，共計田「六億二千四百萬二萬九千六百三十畝」。以每畝二升計，合得「地稅一千二百四十八萬五百九十二點六石」。此數與杜佑所記地稅數相去甚近，只是因為杜佑省去了十萬以下數字，故二者之間存在些許差異。

這裡同樣值得注意的是，前面計算戶稅時，不分課戶不課戶，這裡計算地稅時，只言「王公以下」，皆須交納。但天寶十四載總管戶數內八百餘萬戶除農民外，是否還包括「王公以下」的官僚？這裡便涉及唐代戶籍管理對象以及官員甚至寺、觀賦役復除等問題。

從目前唐西、沙兩州的殘戶籍及手實、鄉帳等文書中，所見之管理對象，寺、觀之戶，絕對不在其範圍內，其餘如一般官吏，甚至流外直至里正之類，皆尚未見。直到唐大曆四年（769）沙州敦煌縣懸泉鄉宜禾裡手實中，才見到有折衝府的別將兩名，折衝一名。[33]其他文職、流外乃至里正之類，仍皆不見。不過在繁式鄉帳中，卻見到折衝府官員及勳官、「雜任」的具體分類統計，但這種統計卻不見於戶籍。戶籍據手實而作，計帳亦據手實而作，除了文獻記載的缺乏及文書的原因外，我們不能不慎重考慮唐代戶籍管理的對象以及計帳統計的總戶數的某些特殊性。但這些不是本文討論的重點，之所以提出這個問題，不僅僅在於它是今後應注意研究的問題，更在於說明計帳在為「量入」提供統計戶數時，並未將具有賦役免除的那部分特權階級或階層的戶數，納入統計範圍之內，所謂的總管戶數，是必須承擔戶、地稅的人戶。這也是為什麼儘管據《通典》卷七所記，戶有「應課戶」、「不

33　《唐大曆四年沙州敦煌縣懸泉鄉宜禾裡手實》，載唐耕耦、陸宏基《敦煌社會經濟文獻真跡釋錄》（一），書目文獻出版社 1986 年版。

課戶」的區別，但在進行戶、地稅徵收的統計時，卻一律不分課與不課，按「率」來總計應收數額的原因。

（三）按丁徵收的庸調及租

根據《通典》卷七《歷代盛衰戶口門》記唐天寶十四載：

管口總五千二百九十一萬九千三百九。

其下腳注：

不課口四千四百七十萬九百八十八，課口八百二十萬八千三百二十一。

這裡課口數的記載，與《通典》卷七《歷代盛衰戶口門》中所記天寶十四載的「課口八百二十萬八千三百二十一」之數最為接近，此可再證此處是天寶十四載之「計帳」。但今以「不課口」、「課口」相加，合得「五千二百九十萬九千三百九」人，與管口總數不符。相較而言，後者總口數少一萬口。這裡的誤差，遠較前考戶數為大，其誤差緣由大約不外前考之三種可能。

但《通典》卷七《賦稅門》所記，據天寶十四載計帳：

課丁八百二十餘萬，其庸調租等，約出絲綿郡縣計三百七十餘萬丁，庸調輸絹約七百四十餘萬疋，每丁計兩疋。綿則百八十五萬餘屯，每丁三兩，六兩為屯，則兩丁合成一屯。租粟則七百四十餘萬

石。每丁兩石。約出布郡縣計四百五十余萬丁，庸調輸布約千三十五萬余端。每丁兩端一丈五尺，十丁則二十三端也。其租：約百九十余萬丁江南郡縣，折納布約五百七十餘萬端。大約八等以下戶計之，八等折租，每丁三端一丈，九等則二端二丈，今通以三端為率。二百六十餘萬丁江北郡縣，納粟約五百二十余萬石。大凡都計租稅庸調，每歲錢粟絹綿布約得五千二百三十余萬端疋屯貫石，諸色資課及勾剝所獲不在其中。

這裡的「課丁八百二十餘萬」，應即上引「課口八百二十萬八千三百二十一」之約數，自十萬位數以前皆同。由於交納對象所處地區之不同，決定了生產品種的不同及徵納方式的差異。全國被分為兩大地區，即「出絲綿郡縣」和「出布郡縣」，兩大區域的徵收方式各有不同。接下來，擬對這兩大區域的徵納方式分別進行考察。

1.出絲綿郡縣的「調」及「租」的徵收

據上引資料，該類地區課口「計三百七十餘萬丁」。以「租」而言，按制每丁兩石，則租粟合得「七百四十餘萬石」。所惜因杜佑在作書時，對於課丁及租粟合得數十萬位以下，皆舉「約數」，故無法進一步考出「課丁」及「租粟」之實際數字。

又，「庸」與「調」本是兩種徵收對象。據《唐六典》記：

> 凡賦役之制有四，一曰租，二曰調，三曰役……其調隨鄉土所產，綾、絁絹、各二丈，布加五分之一。輸綾、絹、絁者，綿三兩，輸布者，麻三斤……凡丁歲役二旬，有閏之年加二日，無事則收其

庸，每日三尺，布加五分之一。[34]

這時講到正役在無需徵發時，交「庸」代役。輸「庸」代役，始於隋代，而唐代交納實物代「役」已成定製，且交納「庸」，「每日三尺」。以「凡丁歲役二旬」，則應納「庸」六丈，若為納麻布，應「加五分之一」。故《通典》卷六中所云「庸調輸絹」，實單指「調」而言，且此處通篇不見「庸」的徵收。因此，此處所言「庸調輸絹約七百四十餘疋」，實是按「每丁兩疋」的「調」的徵收。

　至於何以合稱「庸調」，李錦繡女士在研究中，曾指出「開元時國家徵收的庸調合併為一個稅目，庸調共收」，同時還指出「庸物多是留當州支用，而調則依常制由國家統一支配」。[35]但修定於開元年間之《唐六典》，仍將租及納庸代役分為不同類型，且《通典》引度支據天寶十四載計帳所作之統計，仍將「庸」、「調」合一作「庸調」，在計算中，仍按一丁之「調」數計，且此「庸調」收入，在作財政支出時，仍由中央劃撥，其間並無「庸物多留當州支用」的現象。因此關於「庸調」是否「合成一稅」，尚應開展討論，但這已與本文無多大關係，故在此存而不論。

　今按「三百七十餘萬丁」，每丁兩疋計，輸絹約七百四十餘萬疋，以每丁綿三兩，「六兩為屯，則兩丁合成一屯」計，輸綿「則百八十五萬餘屯」。經驗算，除去因省略而無法驗算者，絹、綿數皆吻合。

34　《大唐六典》卷三《尚書戶部》，第68頁。

35　參見李錦繡《唐代財政史稿》（上卷）第二分冊第二編《唐前期的財政收入》第一章《賦稅收入》，北京大學出版社1995年版。

2.約出布郡縣「調」、「租」徵收

據上引《通典》卷六載，「約出布郡縣計四百五十餘萬丁，庸調輸布約千三十萬餘端」。根據該條腳注云，「每丁兩端一丈五尺，十丁則二十三端」。根據《通典》卷六杜佑注云：

准令，布帛皆闊尺八寸，長四丈為疋，布五丈為端。

由是觀之，則一丁「庸調」納布竟達十一點五丈之多。與前引《唐六典》所云一丁調「布二丈二尺」之數，相距甚遠。設若採取前引李錦繡女士之說，開元時「庸」、「調」已合一徵收，則經驗算，與《通典》所記「庸調」布數亦不合。又據《唐六典》所記，輸麻布者，尚應加徵「麻三斤」，如同上引輸絲織品者，尚應加徵「綿三兩」。而此處納布之鄉，僅見輸布之數字而不見有「麻」，不同於納絲織品之地。故此處度支據計帳所作收入統計，令人費解。

作為應輸布郡縣之課丁，為四百五十餘萬丁。其「租」的繳納，按「折納布」與交「粟」兩種方式，分兩地區，各據該地區課口交納。其分地區徵收方式如下：

（a）江北郡縣

據上引《通典》所記，「二百六十餘萬丁江北郡縣，納粟約五百二十餘萬石」。按唐制，「課戶每丁租粟二石」《大唐六典》卷三《尚書戶部》，，這是以「均田制」下，每丁授田一百畝為前提的。但這個授田額及交租額，是政府假定的結果，事實上不可能在全國有這樣一個統一的標準。筆者在《唐代均田制實施過程中「受田」與「私田」的關係及其他》一文中，已指出這一點，另據吐魯番出土文書所見，有

「受田八十畝」、交租「八斗」的存在。[36]

　　但據天寶十四載計帳，按課丁數計算「租」的收入時，並不考慮現實中的由於「受田」不足，從而導致交「租」的差別這一情況，度支仍按「課戶每丁租粟二石」計。此處江北諸郡縣，課丁二百六十餘萬，以每丁二石計，總合正為「五百二十餘萬石」之數。

　　（b）江南郡縣

　　據上引，「其租，約百九十餘萬丁江南，折納布約五百七十餘萬端」。這裡指出不同於江北郡縣的是，江南郡縣的「租」，不再按課丁租二石徵收，而是「折納」交布。特別是杜佑指出其交納方式為：「大約八等以下戶計之，八等折租三端一丈，九等則二端二丈，今通以三端為率。」這種交納方式，有類前引戶稅徵收統計，即列出八、九等戶之戶稅後，再按通以為「率」的數字計算。

　　這裡「折租納布」的「率」是布三端，但又因前面「戶等」問題，且有八、九等折租納布的具體標準，而非如同江北地區按丁徵收粟，就涉及這時的「江南郡縣」是否實行了「均田制」的問題。關於江南地區是否實行「均田制」，限於史料的缺乏，加之又無出土資料可證，目前尚有疑問。但無疑每丁之租「布三端」，價高於「租粟二石」之數，從而導致江北及江南郡縣課口之租額出現差別，後者負擔重於前者。

　　以上部分的探討，旨在表明「計帳」製作的主要目的之一，在於尚書戶部度支郎中據之以作出主要的財政收入預算。由於《通典》對天寶十四載收入預算之記載為節抄，亦或出於其他緣故，並有誤差，

36　《唐代均田制實施過程中「受田」與「私田」的關係及其他》，載《魏晉南北朝隋唐史資料》第十四輯，武漢大學出版社1996年版。

前已逐項指出誤差所在。但作為總數的統計，《通典》云：

　　大凡都計租稅庸調，每歲錢粟絹綿布約得五千二百三十餘萬端疋
屯貫石。

這裡各類收入之總數，但據先前所記將逐項收入相加，其租稅庸調，
一歲錢粟絹綿布總約得五千五百四十五餘萬端疋屯貫石，兩數相差二
百一十餘萬之數。又據該書校點者已在校勘記中指出，據《冊府元龜》
卷四八七，「三」原訛「二」、「上文各類稅收數字之和為五千二百三十
餘萬」。與筆者覆核，亦有一百萬之差。由於本文目的在於探討如何據
「計帳」作收入預算，故不再追究其誤差之緣故。
　　杜佑又指出：「諸色資課及句剝所獲不在其中。」緊接上引文，杜
佑注云：

　　據天寶中度支每歲所入端屯疋貫石都五千七百餘萬，計稅錢地稅
庸調折租得五千三百四十餘萬端疋屯，其資課及句剝等當合得四百七
十餘萬。

該書點校者並在校勘記中，已指出「計稅地稅庸調折租」數，應正作
「五千二百三十餘萬」，這表明杜佑所記數字亦有訛誤，也可證明前所
考諸數字之訛誤實為不虛。由於杜佑作注文時，只云「天寶中」，且此
處所記「歲入」數，未知為度支據當年「計帳」所作財政預算收入，
亦或是次年財政收入的結算？故無法再深入探討。
　　以上論證，表明了度支如何據「計帳」而作出「量入」的過程與

方式。作為度支的職掌，即是「每歲計其所出，而支其所用」[37]，具體到上述事例，也即是對天寶十四載年底所能收到的全部收入作出預算，再作出下一財政年度支出的預算。現據「計帳」，已知「租賦少多」，既已「量入」，即可「制出」，分別按品種、數量，配給各個軍政機構。

其度支歲計，粟則二千五百余萬石。

根據杜佑的注，其「制出」分為：「三百萬折充絹布，添入兩京（長安、洛陽）庫」；「三百萬回充米豆，供尚食及諸司官廚等料，併入京（長安）倉」；「四百萬江淮回造米轉入京，充官祿及諸司糧料」；「五百萬留當州官祿及遞糧；一千萬諸道節度軍糧及貯備當州倉」。

布絹綿則二千七百余萬端屯疋。

杜佑注則指出其「制出」分為：「千三百萬入西京，一百萬入東京」；「千三百萬諸道兵賜及和糴，並遠小州使充官料郵驛等費」。

錢則二百余萬貫。

杜佑注這筆錢的「制出」為：「百四十萬諸道州官課料及市驛馬」；「六十餘萬添充諸軍州和糴軍糧」。

37　《唐六典》、《唐會要》皆云「計其所出」，但這裡的「出」，絕不可理解為「量入為出」之「出」。前者之「出」，應指「量入」為「入」，即指全部賦稅之所得。

上云「制出」，也即財政支出預算的結果。這裡表明開支的大部分，主要是用於支付軍政機構的行政費用和官員的俸祿。而兩京官庫所入數，不能說完全沒有用於貯備，但作為官吏的隨時賞賜、節日活動的支出，無疑占據了相當大的數量。而作為公共設施，除了供軍政需要的「郵驛」設施與「驛馬」外，他如水利、道路等公共設施則不見有專項經費的開支。

據唐制，天寶十四載據「計帳」所作財政收入預算，必在當年六月以前。但到十一月，安史亂起，兩京淪陷，玄宗入蜀。戰亂期間，此制度亦必將遭到破壞，雖已作預算，當已無法在天寶十五載執行。

作為「量入制出」的財政收支思想，抽象地說，無疑是一種在中國古代社會中的明智見解，在具體實施過程中，當君臣尚能比較認真執行連續一貫指導思想，在官吏還能比較認真執行根據這一指導思想所制定的制度時，無疑對社會的穩定與發展，起了一定良好的作用。所謂「開元盛世」的出現，不能不說與較好執行「量入制出」有一定關係。但正系統治階級的貪婪本性，決定了它勢必經常破壞「量入制出」這一財政收支思想。故杜佑在《通典》中說：

> 自開元中及於天寶，開拓邊境，多立功勳，每歲軍用日增⋯⋯大凡一千二百六十萬，而錫賚之費此不與焉。其時錢谷之司，唯務割剝，回殘剩利，名目萬端，府藏雖豐，閭閻困矣。

這裡已表明了統治階級的奢欲正是破壞「量入制出」的根本原因所在。

綜上所考，我們可以看出唐代之「計帳」，是為國家提供製定下一財政年度收入預算的基礎，而度支據此，主要是制定戶稅、地稅、調、租這四項國家稅收的主要項目的收入預算總數，然後再據此作出

國家主要的預算支出項目各若干。另外，儘管文獻記載西魏大統年間，蘇綽已制定「計帳」之制，而且還有敦煌所出《西魏大統十三年瓜州效谷郡（？）計帳》，但由於西魏「計帳」之制的內容至今未知其詳，故在此亦無法論定其制與唐之「計帳」有何關係。不過唐出土西州之殘鄉帳的內容，以及《通典》所記天寶十四載據「計帳」所作之戶、地稅及調、租計算方式，都充分體現了以「丁身為本」這一特色。所以作為同樣實行「均田制」的西魏，其「計帳」想必亦會具有以「丁身為本」這一特色。

　　唐德宗建中元年（780），行「兩稅制」，楊炎改制的重點之一，是改「租庸調製」的「丁身為本」為「以資產為宗」，同時行「量出制入」之制。當然，這種在中國封建社會實施的基於小農生產的「量出制入」，與近代以來西方的大工業生產為基礎的資本主義社會的「量出制入」，存在質的不同。而「兩稅制」下的「量出制入」，從理論上講，是以大曆十四年的稅額為準，而此稅額即作為國家所能支出之數。相對穩定的「出」，也即成為「兩稅制」下的「制入」數額。因此，人、戶統計雖然還繼續存在，但作為「量入制出」的度支功能亦當隨之廢行。「鄉帳」、「計帳」或因人、戶統計的需要而繼續存在，但那種以「丁身為本」的賦稅制度所需的詳盡統計項目，當已不復存在。

（載《敦煌吐魯番文書論叢》，甘肅人民出版社 2000 年版）

敦煌所出《索鐵子牒》中所見歸義軍曹氏時期的「觀子戶」

　　一九七六年秋，筆者在滬整理吐魯番出土文書，暇時至上海博物館「尋寶」，見到該館藏有若干敦煌、吐魯番出土文書，且多數較為完整、清晰。其中編號為上博 8958/2 號文書，即此《索鐵子牒》，時館方尚未定名、斷代。詢及該牒來源，亦無記載。承館方支持，不僅得以抄錄全文，並得反覆揣摩紙質、筆跡、墨色。因有整理吐魯番出土文書之經驗，故判斷非是近代以來之偽作。且近世偽作，多為佛經典籍之類片斷，或為真跡殘片而假作年款題記。而此牒內容涉及之制度、術語，亦非近世作偽者所能杜撰。一九八七年八月，筆者與唐耕耦同赴上博，得汪慶正副館長支持，又得見此牒，二人共同探討釋文，所得收益不少。今見唐耕耦、陸宏基二位所編《敦煌社會經濟文獻真跡釋錄》第二輯收有此牒，故始重整昔日札記，撰文以申拙見，了卻多年心願。

　　唐、陸二位所編《釋錄》二輯所收此鐵子牒[1]，釋文與筆者錄文手稿釋文，尚有數處相異，且斷句也因各自對牒文理解之不同，亦有差異。為便於研究牒文書式以供斷代之用，照錄全文於後，並註明二者釋文之不同：

　　1.右鐵（鐵）子其前頭父母口分、舍宅、地水，三人停￨　　　　￨
　　2.冤（唐釋文作「免」）及弟鐵子，又索定子男富昌，共計參分￨　　　　￨
　　3.下更無貳，三把分數如行。又後索定子于￨　　　　￨
　　4.債，貧不經巡，日夜婢（被）債主行逼，寸步￨　　　　￨
　　5.計思量，裝（被）送（逆）世界，偷取押衙王善信馬￨　　　　￨
　　6.定子投（唐釋文作「頭」）取甘州去，捉不得，其子父及男￨　　　　￨
　　7.勞，合家官收，充為觀子戶。其房兄弟￨　　　　￨
　　8.鐵子貳人分內，並（唐釋文作「再」）劫地壹分及舍分並物再賣卻￨　　　　￨
　　9.富昌意安宅，官劫得，空科（唐釋作「料」，應作「科」）戶役，無處￨　　　　￨
　　10.伏望
　　11.太保阿郎鴻造照察〔唐釋文於「冤」字右側注「（免）」字〕貧兒索鐵子日夜安￨　　　　￨（唐釋文「安」下不缺）
　　12.伏請期（唐錄文作「明」）憑載（唐釋文直改為「裁」，應是）

1　參見唐耕耦、陸宏基《敦煌社會經濟文獻真跡釋錄》第二輯，全國圖書館文獻縮微複製中心，1990 年，第 319 頁。為便於引用，皆簡稱《釋錄》，又全書五輯，出版年分不一，為省筆墨，凡本文於後引用是書，皆不再作版本注。

下處分

13.牒件狀如前謹牒

14.二月　　日　平康鄉百姓索鐵子□

又，行十四後唐錄文尚有「安自承支」一句，因與牒文無涉，故筆者
不錄。至於斷句處的差異，出於各自對牒文文意理解之不同，但恐所
注太多，今僅就個人理解錄出於上。

　　本件下部分多行有缺文，據原件所顯示之殘缺情況，應是一次將
牒文行一至行十一及行十四下端剪去所造成，但據前後文字，尚可推
斷出其大意，無礙於大體。由於本件無紀年干支記載，唐耕耦將該件
定名為《年代不明平康鄉索鐵子牒及判》，並在錄文後注云：

　　本件當屬歸義軍統治時期。

這個斷代是非常有見地的。但歸義軍時期經過張、曹兩家的統治，其
間還有索、李兩家的短暫統治。如能進一步通過對牒文書式、用語的
比對，從而判斷出應屬較為接近的哪一具體時期，並進一步探討牒文
內容所反映的特點，則是拙文的目的了。

　　平康鄉本是敦煌縣屬下一鄉，索鐵子為該鄉「百姓」，亦即唐律下
之「良人」。作出牒文目的，是呈上於當時當地的最高官員。首述其父
母遺留下的「口分」（土地）、「舍宅」、「田水」（此處是指該戶所享有
灌溉渠水之份額，當另文專考之），業尤其兄索定子、兒子富昌及其本
人等三人平分完畢。後其兄定子因欠債，被債主追逼，無法生存，遂
偷盜王押衙馬匹，逃往甘州。沙州地方官吏因之「捉不得」，遂罪及其
子，將富昌全家「官收」，罰充「觀子戶」，所有房、地產及物品，均

全部被沒收，致使富昌無處容身，官府將其房舍沒收後，復又「賣卻」。富昌身陷「觀子戶」，家產全被沒收，但官府仍然要「空科戶役」。鐵子只得代富昌向「太保阿郎」這位地方最高長官申訴，希望他體察貧兒困境，「載（裁）下處分」。或許此牒本是底稿，故不見有判辭。

首先從牒文書式所見，其行十至行十二行文用語，未曾見於敦煌出土吐蕃占領沙州前後的眾多牒文及現已掌握的全部吐蕃出土文書中。上述時期的牒文，在敘述事由畢後，例書：

1.……謹牒（或作「謹錄狀上」、「請處分」等）
2.牒件狀如前謹牒
3.年　月　日×××謹牒

而《索鐵子牒》於上所擬牒文書式行一與行二之間，復又增加行三，除了陳情之外，特別要署明地方最高長官之最高銜名，並加上「阿郎」這個唐代所習用的「主人」之代稱[2]，同時還要加上幾句懇請之辭。這樣的變化，最早見於張議潮於咸通八年（867）入朝前兩處的牒文中。

為了表明這種變化的發生及趨勢，並為判斷《索鐵子牒》的時代歸屬，謹列表如下：

2　蔣禮鴻：《敦煌變文字義通釋》（第四次增訂本），上海古籍出版社 1988 年版，第 12 頁。

序號	文書號	文書時代及定名	牒文書寫特點	引文出處
1	P.2222b	唐咸通六年（865）正月敦煌鄉張祗三請地狀	伏望將軍仁明監照矜賜上件地乞垂處分	《釋錄》第二輯
2	S.3788	戊戌年（878）洪潤鄉百姓令狐安定請地狀	伏望司空照察貧下乞公驗伏請處分	同前
3	P.3281（1）	唐咸通八年（867）至大順元年（890）二月間押衙馬通達（稿）	伏望大夫詳察伏請處分	《釋錄》第四輯
4	P.3281（2）	同前	伏望大夫仁慈哀察伏請處分	同前
5	P.3281（3）	同前	伏望大夫仁恩裁下伏請處分	同前
6	羅振玉舊藏	唐大順元年（890）正月百姓索咄兒等請地狀	伏望尚書照察伏請處分	《釋錄》第二輯
7	P.3711	唐大順四年（893）正月瓜州營田使武君安牒	伏乞大夫阿郎仁明詳察望在伏請判命處分	同前
8	P.3725（2）	唐大順四年（893）康漢君牒	伏望大夫仁恩乞賜文憑請處分	《釋錄》第四輯[3]
9	P.2825	唐景福二年（891）九月盧忠達狀	伏望常侍仁恩照察乞賜公憑伏請處分	《釋錄》第二輯

3　本件無紀年，但夾書於《唐大順二年（891）正月普光寺尼定忍等牒》行十二至行十七間；又見漢君牒內稱呈上於「大夫阿郎」。據榮新江研究，歸義軍時期唯索勳於大順四年（893）稱「大夫」。且序號為 7 的《唐大順四年武安君牒》亦稱呈「大夫阿郎」，故將漢君牒置於安君牒後。

續表

序號	文書號	文書時代及定名	牒文書寫特點	引文出處
10	P.3155b	唐光化三年（900）神沙鄉百姓令狐賢威牒	昨蒙僕射阿郎伏乞伏請公憑裁下處分	同前
11	P.3324b	唐天復四年（904）隨身官劉善通牒	伏乞司空阿郎仁恩照察伏請公憑裁下處分	同前
12	P.4974	唐天復某年（901-904？）神力牒	伏望司空仁恩照察伏請裁下處分	同前
13	P.4368	丙申年（936）正月武達兒狀	伏乞司空阿郎仁恩照察伏聽公憑裁下處分	《釋錄》第四輯
14	P.4040	後唐清泰三年（936）洪潤鄉百姓辛章午牒	伏望司空仁造伏請處分	《釋錄》第二輯
15	P.3257（1）	後晉開運二年（945）寡婦阿龍牒	伏望司徒阿郎仁慈照伏聽公憑裁判處分	同前
16	P.4084	後周廣順二年（952）三月平康鄉百姓郭憨子牒	伏乞台慈照見蒼生特申如憑由伏請裁下處分	同前
17	P.3501b（2）	後周顯德五年（958）押衙安員進牒（稿）（1）	伏乞台慈特賜憑由伏請處分	同前
18	P.3501b（3）	後周顯德五年（958）押衙安員進牒（稿）（3）	令公鴻造特賜判印伏聽憑由裁下處分	同前
19	P.3501b（4）	後周顯德五年（958）押衙安員進牒（稿）（4）	伏乞令公鴻造惠照伏請判驗裁下處分	同前

續表

序號	文書號	文書時代及定名	牒文書寫特點	引文出處
20	P.3501b（5）	後周顯德五年（958）四月平康鄉百姓菜幸深牒	伏乞令公鴻造伏請處分	同前
21	P.3501b（6）	後周顯德五年（958）四月莫高鄉百姓王員定等牒（稿）	伏乞令公鴻造高懸志鏡鑑照貧流特賜判憑伏請處分	同前
22	P.3556	後周顯德六年（959）十二月押衙曹保升牒	伏望令公恩造哀見貧乏伏請處分	同前
23	P.4525	辛巳年（981）八月都頭呂富定牒	伏乞太傅恩慈特賜公憑專請處分	《釋錄》第三輯
24	P.3186（1）	宋雍熙二年（985）六月某專甲牒（稿）	切望大王處分	《釋錄》第二輯
25	P.3186（2）	宋雍熙二年（985）六月慈惠鄉百姓厶甲牒	伏望大王高懸惠鏡照察貧特乞仁鈞專侯處分	同前
26	S.4489b	宋雍熙二年（985）六月慈惠鄉百姓張再通牒（稿）	伏乞仁恩特賜判裁下處分	同前
27	P.3578	宋雍熙五年（988）十一月神沙鄉百姓吳保住牒	伏望大王阿郎高懸寶鏡鑑照蒼生伏乞仁恩特賜判憑裁下處分	同前
28	P.3935	丁酉年（997）洪池鄉百姓高黑頭狀（稿）	伏乞大王鴻慈特賜判印專侯處分	同前

　　上表所列二十八件牒文，都是個人呈上之牒，由於作牒時代不同，更由於還有一些是書稿之故，與正式呈上牒文書式亦略有不同，

但最基本之特點，從已錄出牒文書式的內容特徵中，仍可看出是相符
的。或許還有遺漏，或因過殘未錄者，但僅就上所列，仍可看出這一
時期牒文的共同特點。

　　值得注意的是，這種呈上地方最高長官的牒文書式，在 P.3753《唐
大順二年（891）正月普光寺尼定忍等牒》及 P.3100《唐景福二年（893）
徒眾供英等牒》中，均可看到類同記載。尼定忍牒作：

　　11.……都僧統和尚高懸朗鏡，俯照兩顯……
　　　　……伏請詳賜處分……[4]

《徒眾供英牒》類同於此，但作：

　都僧統和尚仁明照察。

　　從而表明歸義軍時期這種牒文書式，同樣通行於僧俗兩途。

　　此外還必須指出，這一時期的牒文書式，有的依然遵照唐之舊
制。甚或在同一年中，居然有此兩種書式牒文共同存在。就在上表所
列序號為 16、17、18、19 共四件後周顯德五年牒文的同年，就有《顯
德五年二月洪範大師牒》[5]，其中並無前表所列二十八件中的特點。另
外，也要注意的是，凡下級呈報上級涉及公事之牒，亦依唐制，無此
特點。如上表所列序號為 15 的後晉開運二年寡婦阿龍牒，《釋錄》第
二輯定名為《後晉開運二年（945）十二月河西歸義軍左馬步都押衙王

4　《釋錄》第四輯。
5　《釋錄》第三輯。

文通牒及有關文書》，實為一案卷，由數紙接成。第一牒，即阿龍牒，
牒文後為判付王文通調查並上報結果之辭，並於判辭後有應為阿龍牒
呈上的那位「司徒阿郎」之花押。緊接阿龍牒後數紙中，編號為（二）
的一紙與編號為（三）的一紙，均為王文通調查有關當事人的調查報
告，而由王文通如實呈報。末云：

　……一一分析如前，謹錄狀上。

　牒件狀如前謹牒。

　開運二年十二月　日左馬步都押衙王文通牒

其後尚有判辭及花押，其花押同於阿龍牒後花押，但較之更為清晰，
作「𢍰」。

　　眾所周知，此時統治沙州的是曹元忠。友人榮新江君的研究指出
據王文通牒，知元忠時已稱司徒。[6]而阿龍牒上是「司徒阿郎」，故由這
位「司徒阿郎」判付王文通調查上報，並據報作判的二處花押，亦應
是曹元忠所為。但牒文花押頗難辨識，若將此字分解為上、下兩部，
「心」字草書可寫作「、」、「～」、「w」，「中」字作「中」，應可判斷
此為曹元忠作之花押。唐韋陟「令侍婢作主尺牘……陟唯署名。嘗自
謂所書陟字，如五朵雲，當時人多倣傚。謂之郇公五雲體」[7]，此乃陟
個人所為。

　　但在敦煌吐魯番出土文書中，官員花押例難辨識，未必如前云爭

6　參見榮新江《沙州歸義軍歷任節度使稱號研究》，載《敦煌吐魯番研究論文集》，漢
　語大詞典出版社 1990 年版。

7　段成式撰，方南生點校：《酉陽雜俎》續集《支諾皋下》，中華書局 1981 年版，第
　227 頁。

效「五雲體」，實為「改真從草，取其便於書記，難於模仿……此押字之初，疑自韋陟始也」[8]。故謂之「花押」，實指押署若花之紛飛之勢，難於模仿。這種判辭後所作花押也出現於上表所列序號為7的《唐大順四年（893）正月瓜州營田使武安君牒》中。當時正是索勳奪取張承奉的大權，主掌歸義軍節度使時期，而是牒上呈「大夫阿郎」，應指索勳。故《釋錄》釋該處花押為「勳」無誤。

若細審上所列二十八件牒文中，不難看出個人（無論其身分為百姓亦或為官吏）所申訴之事由，大量皆屬諸種土地、財產等之民事糾紛以及賦役徵收的問題。在吐魯番出土唐代牒件及敦煌陷於吐蕃統治前唐代類同牒件，皆上呈縣令，即行處理。何以在張議潮掌臼歸義軍時期開始，即已改為呈報地方最高軍政長官來處理，並由之作出批示，責令下級調查，最後根據調查，作出判辭。或許雖規定呈報地方最高長官，但因其事煩，例由僚佐處理。但最後必尤其作花押。猶之如前引韋陟，「每令侍婢主尺牘，往來覆章，未嘗自札，授意而已……陟唯署名」。這種從牒文書式到本由縣令處理之事改呈報節使的變化，無疑是值得研究的。但這已不屬本文研究的範圍，應是研究歸義軍時期權力機構的運作與唐制的同異問題了。

《索鐵子牒》既無紀年，究屬何時期？牒文內容所反映的「觀子戶」說明什麼問題？這些將是筆者於後想要解決的問題。

按該牒的書式，與前所列二十八件之牒文書式特點基本形態相符。然前所列序號1之牒文，為唐咸通六年牒，時張議潮尚未入朝長安。但從該牒文書式與此後牒文書式相比，反映了它的完整與成熟，並一直為索、曹兩家統治時期所承襲。故從牒文書式比較，《索鐵子

8　高承撰，李果訂：《事物紀原》卷二「花押」條，《叢書集成》本。

牒》當屬歸義軍時期應是無疑的了。前錄《索鐵子牒》行十一云：

呈上太保阿郎鴻造照察

我們從前表所列二十八件牒文內容特點欄中，見到用「鴻造」二等者，為：

18.後周顯德五年安員進牒「令公鴻造」
19.後周顯德五年安員進牒「令公鴻造」
20.後周顯德五年菜幸深牒「令公鴻造」
21.後周顯德五年王員定牒「令公鴻造」

此四件雖皆為書稿，前三件並黏接為一卷，均有紀年，根據文獻及敦煌文書，可知是曹元忠統治時期。而「鴻造」二字，並未出現在其他二十四件中，據此，似可將《索鐵子牒》斷為曹元忠統治時期。

在《索鐵子牒》中，我們還看到有「世界」一辭，同樣出現於P.2155背《弟歸義軍節度使曹元忠致甘州回鶻可汗狀》中，時因回鶻統治的甘、肅二州人劫掠沙、瓜二州人口、牲畜，故致狀回鶻可汗，提出：

有此惡弱之人，不要兩地世界，到日伏希兄可汗天子細與尋問，勾當發遣。[9]

9　《釋錄》第四輯，第402頁。

　　這裡是為維護沙州安全的大事，故不得不提出對入侵劫掠者應「勾當發遣」，而非是索定子偷取匹馬而逃甘州的小案。就在此牒文中，出現「世界」一辭。在敦煌吐魯番出土文書中，除了佛經之類經典外，恐只此兩件出現「世界」二字。可能作為兩件文書同出在曹元忠時期的一個薄弱的旁證，也不是沒有可能的。

　　又，《索鐵子牒》所呈「太保」老爺，據榮新江君研究稱云：據上節引用的 P.3388《開運四年（947）三月九日曹元忠疏》，元忠又從司徒進稱太保。元忠的太保稱號也只是曇花一現，就在開運四年年中，他又自稱太傅……至遲從乾祐三年四月初，元忠重又號稱太保。榮君復又指出，見於寫經題記及莫高窟題記，知元忠在後周廣順元年（951）正月、四月、八月及廣順五年（955）正月，皆稱太保。[10]

　　據榮新江君研究，曹氏統治時期，稱用「太保」者，尚有曹議金、曹元德、曹延恭、曹延祿。但結合「鴻造」及「世界」進行考察，初步判斷《索鐵子牒》應為元忠稱「太保」時，並與前引顯德五年牒相近，或在廣順五年。時正值顯德二年，此時歸義軍節度使已不能領有甘州，曹元忠世，雖與回鶻可汗稱兄道弟，但終曹氏時期，不復再能控制甘州。故此，《索鐵子牒》中所云其兄逃往甘州，是為避州官吏的追捕，因此拙文斷句為：

　　定子投取甘州去，捉不得。

是考察牒文時代背景而作此斷句，故應屬妥當。

10　參見榮新江《沙州歸義軍歷任節度使稱號研究》，載《敦煌吐魯番研究論文集》，漢語大詞典出版社 1990 年版。

　　如前所云，因索定子盜馬後逃走甘州，沙州官府不能越界去捉，遂罪及其子。儘管早已分家，父祖之土地，「地水」、房舍、物業已作三份，由定子、索鐵子、富昌平均分配，官府亦將定子、富昌家財全部沒收，並將富昌罰充「觀子戶」。這種處罰，遠較唐代為重，頗類五代時期的嚴刑酷法。

　　我們知道吐蕃占領瓜、沙等地時期，盛行「寺戶制」，友人姜伯勤在他的力作《唐五代敦煌寺戶制度》一書中，詳盡地全面研究了「寺戶制」，指出「寺戶」來源之一，就是吐蕃統治者「將俘囚配為寺戶」，「吐蕃沿襲北朝以來以隸戶、軍戶充當僧祇戶和以罪人、官奴充當佛圖戶的傳統，將俘囚、破落官配為寺戶」，「配俘囚為寺戶是為了扶植佛教，而扶植佛教是吐蕃當局為站穩腳跟而實行的對策」。「敦煌寺戶制度可以視為北魏僧祇戶的餘緒」，寺戶即封建制下的農奴。[11]根據這一科學論斷，「觀子戶」也就相對於「僧祇戶」了。二者的差別，僅在「觀」與「僧」。後者「僧」應即指佛教寺院的代稱，那麼「觀」又指何而言，則是筆者所要進一步探討的了。

　　相對於寺院的「觀」，似應指道教的宮、觀而言，在七〇年代中接觸到《索鐵子牒》後，曾主觀臆斷認為在吐蕃占領沙州後，提倡佛教，而對漢人信奉並得到唐政府提倡的道教採取壓制政策。到張議潮逐吐蕃統治者，主掌瓜、沙諸州後，遂又恢復道教，並將罪人罰充「觀子戶」，如吐蕃的「寺戶」形式，將予寺院，給予支持作法一樣。但個人多年來並未發現歸義軍時期道教活動的資料，並就此事詢及國內，乃至日、法敦煌學專家，均未獲釋。看來，正如姜伯勤所指出，在吐蕃占領沙州後，按個人職業建置部落，僧、尼均入「僧尼部落」，而「道

11　參見姜伯勤《唐五代敦煌寺戶制度》，中華書局1987年版。

門親表部落」則由道士、女冠及其親屬組成。同時指出分建部落後，再未見到道教的活動。[12]大約此後，乃至歸義軍統治時期，道教作為一個組織不復存在，因而道教宮、觀以及道教經典，亦不再出現。由此可知，《索鐵子牒》中所云「觀子戶」的「觀」，必另有所指。

眾所周知，古代的「觀」之所指，並非是道教廟宇的專稱，早在道教出現之前，即有「觀」。《禮記・禮運篇》記孔子「出遊於觀之上」，鄭玄注云「觀，闕也」。孔穎達疏云「《爾雅・釋宮》云觀謂之闕」[13]。又「觀」亦指「台榭」之類建築。《左傳・哀西元年》有「宮室不觀」句，杜預注「觀，台榭也」，又有「台榭陂 池 」句，杜預注云「積土為高曰台，有木曰榭」[14]，故此之台榭，需要有供灑掃之類雜役。富昌因受其父牽累，被罰充「觀子戶」，應屬執役之人。

但呈牒人署名「平康鄉百姓索鐵子」，百姓如前所云，指一般「良人」。當因出於叔侄關係，故鐵子同情富昌的遭遇。富昌既已被罰充當觀子戶，家中動產與不動產均已沒收發賣，連安身之房舍亦無，尚要被官府「空科戶役」，故「貧兒」索鐵子為其侄富昌向「太保阿郎」申訴，乞請「太保阿郎鴻造照察」，給予「處分」。這裡所謂「處分」，當應指發還富昌房舍，並免去其「戶役」。

作為吐蕃占領敦煌時期的「寺戶」，他們只向所隸屬寺院交租納役。唐代所給宮、觀的「灑掃戶」，亦不再承擔國家賦役。但《索鐵子牒》中，鐵子稱富昌財產已沒收，並被出賣，而官府尚要「空科戶役」，其意是指被罪充「觀子戶」的富昌本不該再「科戶役」，亦或是此時雖應「科戶役」，但富昌既無財產，而不應再徵收。只因地方官吏

12　參見姜伯勤《沙州道門親表部落釋證》，載《敦煌研究》1986 年第三期。

13　參見《十三經注疏》，中華書局 1983 年版。

14　參見《十三經注疏》，中華書局 1983 年版。

貪暴，所以不管富昌既已充「觀子戶」，或已一無所有，依然徵收。限於有關材料缺乏及牒文又有殘缺之故，更由於筆者對牒文本身的理解過於淺薄，尚恐難於作出較為合理的結論。

　　在漫長的中國封建社會中，一種前代落後的身分制度雖然已經走向消亡，但類同的另一種名稱的卑賤身分往往又會出現，如由「寺戶」的消逝，到「觀子戶」的出現。然而時代的發展趨勢，畢竟要蕩滌著這種當時就已不合理的身分制度。時代畢竟不會重演，盛行一時的「寺戶制」，到了此時，已趨消亡。而「觀子戶」在目前所見眾多的歸義軍時期文書中，也僅僅只見於曹元忠時期的《索鐵子牒》中，從而也更使我們倍感此牒史料價值的珍貴。

（原載《武漢大學學報》1993 年第六期）

敦煌所出《萬子、鬍子田園圖》考

　　敦煌藏經洞所發現的眾多文書中，就文書分類而言，僅只一見，且最令人費解的文書之一，無疑是編號為 P.3121 號文書。最早見於劉復《敦煌掇瑣》中收錄[1]，商務印書館編《敦煌遺書總目索引》，將其定名為《某寺廟圖》，同時於後加括號，註明該件「背面文字有三界寺字樣」[2]。細察該文書所示，實是一件繪製並加字註明為萬子、鬍子二人之園、園場、圈、廳、門、道、河之圖，中間並無一處涉及寺院。大約是因該背部注有「三界寺」之故，因之失於考察，貿然定名為《某寺廟圖》。

　　八〇年代初，見到日本池田溫教授在其《中國古代籍帳研究》之錄文部分，發表了該件的臨摹圖形，並作斷代，定名為《年次未詳（9世紀後期、10 世紀）沙州□萬子、鬍子宅舍田園圖》。池田教授的定名，準確地反映了該件文書的內涵，並作了文書的斷代，根據池田教

1　劉復：《敦煌掇瑣》（中）四七。

2　參見商務印書館編《敦煌遺書總目索引・伯希和劫經錄》，商務印書館 1962 年版。

授斷為九世紀到十世紀初的結論，應是歸義軍曹氏時期製作，所惜池田教授未註明其斷代的依據何在。池田教授還指出：首先是劉復在《敦煌掇瑣》刊布此件文書，同時還將本件背面所有三行文字，全部錄文發表。[3]此後，中國學者唐耕耦、陸宏基二先生在《敦煌社會經濟文獻真跡釋錄》（二）中，除了採用池田教授之斷代、定名、刊布臨摹圖之外，還附上了原件照片。[4]

　　但多年來，尚不見中外學人著文研究。促使筆者研究該件文書，是日本京都大學文學部的金田章裕教授的提示。金田教授等日本學者，在研究日本古文書及古代莊園圖過程中，通過對日本天平（日本聖武天皇年號）以來的古代莊園田圖的研究，得出日本古代實行「條里平面圖制」的結論。

　　金田教授就日本天平年間以來古田圖，結合對日本的法律等古籍的研究，指出：在條里平面圖形成前，最早以圖的形式表示土地占有的是天平七年（735）弘福寺領讚岐國山田郡田圖，而最早的以條里稱呼表示土地占有狀況的是天平十五年（743）弘福寺山背（城）國久世郡田圖。而在讚岐國，從天平勝寶（孝謙天皇年號）九年（757）至天平寶字（淳仁天皇繼用孝謙天皇年號）七年（763），是「條里稱呼法」形成完備時期。

　　這種「條里平面圖制」的出現，金田教授指出，與當時律令中土地政策的大變動有關。養老（日本元正天皇年號）七年（723）頒布三世一身法，天平十五年（743）頒布墾田永年私財法，肯定了土地的私有，隨之而來的是墾田數的激增。但隨著國家對私田之承認和私田數

3　池田溫：《中國古代籍帳研究》，日本東京大學東洋文化研究所 1979 年版。

4　參見唐耕耦、陸宏基《敦煌社會經濟文獻真跡釋錄》第二輯，全國圖書館文獻縮微複製中心，1990 年。以下凡涉及此書，均簡稱《釋錄》。

的激增，在校田、班田時，必須對私田和口分田、乘田加以嚴格區別，像以前那樣在每份土地後加注四至，工作量是相當大而繁瑣。條里稱呼法正是適應這一形勢而產生的極為有效而規範的田地稱呼法。[5]

很顯然，金田教授認為在日本實行類於唐代「均田制」的「班田制」，有關土地記錄方式，亦如唐之「四至」記載方式。這在敦煌吐魯番出土文書中，有關手實、戶籍、「均田」的文書中，皆可見到。但由於日本私有土地的激增，國家的承認，並為了嚴格加以區別，故而出現了繪製「田圖」，也即被定名為「條里平面圖制」的制度。根據保存的古莊園圖，日本影印出版了不少圖錄。圍繞這些圖錄，作了不少研究。[6]

由於日本在七世紀中，孝德天皇實行「大化革新」，學習並引進唐代的制度。故日本學者在見到了 P.3121 號文書後，認為可能中國早已有為確定私有土地的「田圖」，日本的「條里平面圖制」可能是受到中國的影響。通過日本京都大學文學部礪波護教授的介紹，金田教授向我提出這個問題，並寄贈許多日本古莊園圖錄及金田教授本人和其他日本學者的研究成果。這促使筆者開始對該件文書作認真考察，並利用相關文獻，希望藉此探索有關中國從「四至」記載到「繪作田圖」的歷史演化過程。

現將 P.3121 號文書附錄於下：

5　〔日〕金田章裕：《古代日本的景觀》第一章，吉川弘文館 1993 年版。

6　參見金田章裕、石上英一、鐮田元一、榮原永男編：《日本古代莊園圖》，東京大學出版社 1996 年版。

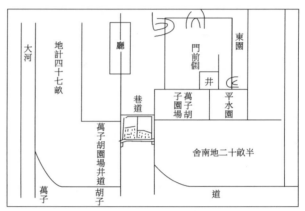

萬子、胡子田園圖

今按上圖所示，該圖顯是一幅繪製的長方形田園圖。圖中文字部分，有關該田園的主人，三處皆記「萬子、鬍子」，可推知為兄弟兩人，萬子名在前，故可能為兄。但並未書明姓氏，這一點很重要，涉及作此圖出自何方之手筆及目的（後面將要論及）。而全圖所示，並未見有「宅」的繪出。但在圖中標明「門前圈」的略呈長方形的上方（略偏西）繪有一門形圖，其下緊接標明「門前」之字，證明此處即門，作為「圈」，即「圈」。《說文》云：「養畜之閑也。」段玉裁注云：「養牛馬圈也。」[7] 故應是夜間欄養家畜之用。敦煌固有養牛、馬，但更多是羊群，故圖中所見，此處「門前圈」面積頗大，似較之下方所繪兩塊「平水園」、「萬子、鬍子園場」面積相同，故疑是畜養羊群而設。由於懼遭夜間偷竊，故應離宅舍不遠，因之圖中所標明的「門前圈」疑即在宅門前。

特別是這個「門前圈」下方近東側，繪有一小型方框，內繪一「井」字形符號。我們不知此處「井」字形符號的真實意義何在，設若

7　參見段玉裁《說文解字注》，上海古籍出版社 1981 年版。

貿然斷定此為「井」，也不知敦煌鑿井始於何時，只能推斷可能是供圈養家畜飲水之處。至於其水之來源，或因灌溉渠道之水引入，或因如圖所示萬子兄弟地西鄰「大河」，故地下水位高，易於掘井取水，則未易知之。

　　在圖中所註明之「園」，一是「平水園」，從而表明這塊園的主人，應是一未書姓名之「平水」所有。關於「平水」，王永興先生早有考定，為渠道灌溉之管理人員。[8]例由「前官」（西州例稱「職資」）充當。見圖示，此「平水園」與萬子、鬎子兄弟之諸塊園、地之間，並無「門」及「巷道」標識，也正反映非他兩人所有，故無須「門」及「巷道」相通。但在萬子、鬎子兄弟「門前個」右側，正是東部，繪有一長方形，註明「東園」，且在此處「圈」、「園」之間偏下，繪有一「門形」圖。因之可推測此「東園」雖未如同其他部分注明所屬，但亦應屬萬子、鬎子兄弟所有。故於自家所有「門前個」與自家所有之「東園」間，仍開有門，以便通行。

　　另外尚有兩處，皆標明「萬子、鬎子園場」。一在圖中「門前個」下，一在圖西側一「曲尺形」地右下側內書「萬子、鬎子園場並道」。但「曲尺形」地左上方則書明「地計肆拾柒畝」，「場」、「道」及「地」之間，並未作出「分界線」，殊覺費解。但其上方，繪有一長方形地段，且該地段並未標出用途、面積。只是在這長方形地段東側偏上，又復繪有一長方形圖，內標明一「廳」字，「廳」下繪有一門形圖，其東就圖形所見，即「門前個」與「萬子、鬎子園場」，「廳」與「圈」、「園場」之前，標明「巷道」，而「巷道」下方，繪有一圖，類似為此

8　王永興：《唐天寶敦煌差科簿研究—兼論唐代色役制和其他問題》，載《敦煌吐魯番文獻研究論集》，中華書局 1982 年版。

「巷道」南端之兩扇門。據圖所見，疑「曲尺形」地段下方所書「萬子、鬍子園場並道」，應指此一附帶建有「廳」之長方形地段。此說如能成立，則其中之「道」，應是此「園場」與「曲尺形」地段之間的道路。

圖中另兩處，一是圖中西半段所繪「曲尺形」地段，上端書「地計肆拾柒畝」，未知究屬誰家，但應緊鄰「萬子、鬍子園場並道」，並因下面將要論及「園場」之用途，故認為應屬萬子、鬍子兄弟所有。

圖中所見另一地段，在圖之東部下端一長方形地段，其上標明「舍南地貳拾畝半」，如同前方之「曲尺形」地段，亦未書明究屬何人。但「舍南」二字，無疑是指此地段位處萬子、鬍子宅舍之南，當屬萬子、鬍子兄弟無疑。

圖中所示，萬子、鬍子兄弟之「曲尺形」地段，左側一條水道，上書「大河」。然敦煌諸種文書中，所見河名，僅有「東河」。[9] 現存敦煌所出諸種沙州之地誌中，亦不見有「大河」之名。惟 P.2005 號《沙州都督府圖經殘卷》中，記載沙州之諸「水」、「河」、「渠」名最多且詳盡。惜卷首有殘，今殘存之第二行到第三十一行，述一闕名水流徑最長，且水源豐富。以此水所圍造之堰，就殘存部分，所見計有：馬圈、神農、陽開、都鄉、宜秋五渠，內又記此水至沙州州城又分兩支，「北流者名北府，東流者名東河」。又據該殘卷第五十至第七十八行，所記七渠：宜秋、孟授、陽開、甘泉、北府、三丈、陰安皆為堰甘泉水所築。[10] 故知此殘卷之首所記闕名河水，實為「甘泉水」無疑。「甘泉水」以其流徑之長、水量之豐富，以「大河」稱之，應是當之無

9　《釋錄》（二）《唐大順二年（891）正月沙州翟明明等戶狀》、S. 4172《宋至道元年（995）正月沙州曹妙令等戶狀》。

10　參見《釋錄》（一），書目文獻出版社 1986 年版。

愧。

　　圖中諸地段中書明其用途者，有「地」、「園」、「園場」。「地」雖只兩段，且書明面積，一為四十七畝，一為二十點五畝，當是作為生產糧食（或包括油料、麻類生產）之用。「園」，顧名思義，當是作為蔬菜生產之用。唐行「均田制」，按制授田，猶有規定：

　　凡天下百姓給園宅地者，良口三人已上給一畝。[11]

　　在敦煌、吐魯番出土的唐代戶籍中，皆可見到「園宅」地的記載。但「園」不僅僅只是種菜。據《說文》云：

　　所以樹果也。[12]

這裡表明「園」除了可作為種菜地之稱謂外，尚可作為栽種果樹之地。
　　又見《玉篇》云：

　　園，圃也……圃，菜園。[13]

　　但圖中另兩處書明為「園場」，與圖中所書「東園」又有何別？據《說文》云「場」：

11　《大唐六典》卷三「戶部郎中員外郎」條，廣池學園事業部 1973 年版。
12　參見許慎《說文解字·口部》，中華書局 1963 年版。
13　參見〔梁〕顧野王《大廣益會玉篇》卷二九《口部》，中華書局 1987 年版。

一曰治穀田也。[14]

又據《玉篇》云「場」：

一曰治穀處。[15]

這裡表明「場」是供秋收後搬運至此的糧食作物脫粒、揚塵及翻曬勞作之用。這種勞作圖，在榆林窟第 25 窟北壁，屬於中唐之《耕穫圖》，及敦煌第 61 窟西壁下部，屬於五代之《莊園與耕穫圖》中，皆可見到。[16]

但何以「園」、「場」合稱？今檢《毛詩正義》，見云：

九月築場圃。

鄭玄注云：

春夏為圃，秋冬為場……場、圃同地。物生之時，耕治之以種菜茹，至物盡成熟，築堅以為場。[17]

在後漢崔寔《四民月令》中，有記載稱云：

14　《說文解字・土部》。

15　《大廣益會玉篇》卷二《土部》。

16　參見《敦煌》，甘肅人民出版社、江蘇美術出版社 1990 年版。

17　參見《毛詩正義》卷八《豳風・七月》，《十三經注疏》本，中華書局 1980 年版。

九月，治場圃，涂囷倉，修篢、窖。[18]

這裡均表明古代農民於秋九月收穫在望時，即要修理整治糧食收割後用以脫粒、揚塵之場地，也要修整盛蓄糧食的容器和倉庫。這往往是一地兩用，也即先種植季節性的蔬菜，待秋熟收穫後，再整治「築堅」，也即經平整後壓實地面，供作脫粒之場所。由是之故，這類地段稱之為「場圃」。而在萬子、鬍子田圖中稱云「園場」，實為相同意思。在圖中，兩處「園場」，皆緊鄰兩處大面積之地段，正反映了「園場」近鄰生產地段，便於搬運收割後的作物，就近脫粒，揚除塵沙。由此也可推知「東園」當是栽種果樹，故不能再利用作脫粒之「場」，因而有別於「園場」，稱云「園」。從圖中所見，「東園」並不緊鄰「地」，亦足證非作脫粒之用。敦煌果類有桃、梨、葡萄之屬，應植於此「東園」內。

「廳」（繁體作「廳」），《玉篇》云：

廳，客廚。[19]

由此可見，「廳」是區別於宅舍、用於接待宴會賓客之所。「廳」之東側為「巷道」，亦便於往來行走。

關於此圖製作年代，如前所云，池田教授斷定作於九世紀末到十世紀初。這段時間，在沙州地區是屬于歸義軍曹氏統治時期，相當於中原之唐宣宗、懿宗到五代直至北宋。所惜池田教授未說明這個斷代

---

18 參見賈思勰著，繆啟愉校釋：《齊民要術》卷三《雜說第三十》，農業出版社 1982 年版。

19 《大廣益會玉篇》卷二二《部》。

的依據，也未進一步說明這份「田園圖」有何種特色。

　　在圖中，見到兩處標明為「道」，一是「巷道」，一是「地並道」。無須再作徵引，這裡的「道」，也即「通道」、「路」。池田教授在其《中國古代籍帳研究》一書中，考察「戶籍的外形與形式」關於「道和路」時，引《唐會要》及《冊府元龜》所收玄宗天寶五載（746）六月十一日敕：

　　　　自今已後，應造籍帳及公私諸文書，所言田地四至者，改為路。

並進一步指出：

　　　　這是玄宗崇信道教的影響及於籍帳的情形。[20]

玄宗崇道，這在兩《唐書》、《唐會要》等文獻中，均可見到，在敦煌藏經洞內，也發現有玄宗御撰《道德真經疏》及在白鶴觀之御注《道德經》。因之公私文書中，「所有田地四至」猶言「道」，供人畜踐踏，當然被崇道的玄宗認為「大不敬」。在西、沙二州出土凡涉及田地「四至」文書中，涉及有「道」字，皆以此敕文頒布為分界線，「道」一律改為「路」。直至唐大曆四年（769），沙州敦煌縣懸泉鄉殘籍中，尚遵循此制，於田地段畝尚用「路」而不用「道」。[21]目前所見《唐大中六年（852）十一月唐君盈申報戶口田地狀》、《唐大中六年（852）十一月女戶宋氏申報戶口田地等狀》、《唐大中六年（852）十一月百姓杜福

20　參見〔日〕池田溫著，龔澤銑譯：《中國古代籍帳研究》，中華書局 1984 年版。

21　《釋錄》（一），《唐大曆四年（769）沙州敦煌縣懸泉鄉宜禾里籍》。

勝申報戶口田地狀》，有關土地「四至」中，皆用「道」代替舊時的「路」。[22]

　　限於敦煌藏經洞所保存唐代戶籍及有關土地「四至」記載文書的殘損，我們只知「四至」中用「路」代替「道」之制，至遲在大曆四年尚在遵行。同時，至遲到大中六年，「四至」中已用「道」取代「路」，不再遵循玄宗崇敬道教的敕文。

　　在圖中，我們還明確見到記載萬子、鬍子兄弟土地的記載：一段為二十點五畝，一段為四十七畝，而且兩段皆緊鄰其園、圈、廳。據推測，圈北即其兄弟宅舍。在今所保存的西州、沙州之手實、戶籍以及給授田、退田文書中，我們還未見到有如此現象。

　　在唐代的有關土地記載文書中，我們見到一戶的土地「授予」段畝，皆零星散佈各方渠道灌溉系統，且面積狹小，而以西州籍中所見尤甚。這是由「均田制」下土地還授的特點所決定的。但隨著土地兼併的發展，情況發生變化，就在前引大曆四年敦煌縣懸泉鄉宜禾里籍中的索思禮戶，有關「受田」的記載共九段，其中一段面積為一頃十九畝，另有五段「受田」面積在十畝以上[23]，這是因為索本人身分為武散正六品上階昭武校尉、從七品下階別將、勳官正二品上柱國，其子索游鶯亦復為折衝、上柱國，因有一段竟達一頃以上之土地，其餘地段中，猶有四段，尚在十畝至十六畝。但就本件文書中所見，就其身分而言，皆是「白丁」者。至於其他戶內，一段地畝面積在十畝以上者，為數亦不少。足證雖然戶籍猶沿用舊制，尚稱「合應受田」，並有「已受」、「永業」、「口分」、「未受」諸項記載，但通過買賣等方式的

22　《釋錄》（二）。

23　《釋錄》（一），《唐大曆四年（769）沙州敦煌縣懸泉鄉宜禾里籍》第五十二行。

兼併，大段面積的私有土地，事實上已在發展中。這一點，在敦煌藏經洞中所出唐大順二年（891）、宋雍熙二年（985）、至道元年（995）有關「受」、「請」田文書中，更可看出這種發展趨勢。

今以宋至道元年「受」、「請」田文書為例，其中記載一段地面積雖有十畝以下者，但出現一段五十畝以上者，為數亦遠過前引唐大曆四年文書：

戶陳殘友　一段五十七畝　戶劉保定　一段六十畝

戶景願富　一段五十五畝　戶董長兒　一段一頃六十五畝

戶索昌子　一段七十畝　戶何石住　一段一頃十畝

戶高安三　一段七十五畝　戶索富住　一段五十五畝

戶李興住　一段六十畝　戶張富昌　一段五十五畝

戶索住子　一段五十五畝[24]

在這一份由兩片殘文書拼合為一的文書中，共殘剩十三戶，就有十一戶擁有如此集中的一段大面積土地，這必然是土地兼併、集中的結果。

僅就此而言，我們如果把萬子、鬍子家兩段土地的集中成大片的現象，與之作一比較，認為均反映了到歸義軍曹氏時期土地兼併、集中這個過程，雖有可能是一個「偶合」，但二者之間亦並非沒有具有共性的可能。

池田教授的「附錄」中，記載該件文書背部，尚有三行字，

其中兩行記云：

24　《釋錄》（二），《宋至道元年（995）正月沙州曹妙令等戶狀》。

十一月七日陵司官□□王都頭

三界寺

早在一九八一年，已故日本京都大學藤枝晃教授來南開大學歷史是講學，筆者有幸聆聽。藤枝教授指出，三界寺為吐蕃占領敦煌時所建，藏經洞所出大量寫本講經，多有押「三界寺」之印，此寺直到歸義軍曹氏尚存（當時藤枝教授的講學，作了課堂錄音及記錄，講畢後，由部分聽課者整理，筆者亦得參預，後又經藤枝教授歸國後審定）。故本件應作於「三界寺」建立之後。

至於都頭之衙名，始見於唐僖宗中和三年（883）。黃巢義軍攻陷長安，僖宗逃往成都，令宦官田令孜為十軍十二衛觀軍容制置左右神策護駕使。[25]令孜「募神策新軍為五十四都，離為十軍……諸都又領以都將，亦曰『都頭』」[26]。作為中國古代武官之一特色，即始置之時位高，而後逐漸降低。以「都頭」而言，始為神策五十四都之將領，而到宋代打虎之武松，在陽穀縣任「捕快」，亦得一「都頭」之職。在本件圖後所見「王都頭」之衙名，也正反映了在九世紀末，或十世紀之初「都頭」地位下降的這一過程。[27]從而表明這份文書製作年代，應在九世紀末「都頭」之衙出現，並逐漸地位下降之後。

以上三點的推測，若要單就某一點來作為本件文書的斷代依據，均似乎不足以成立，但是綜考此三點，從而考定製作於九世紀末至十

25　參見《新唐書》卷二〇八《田令孜傳》，中華書局 1975 年版。

26　參見《新唐書》卷五〇《兵志》；又見《資治通鑑》卷二五五「僖宗中和元年三月」條，中華書局 1956 年版。

27　雖然歸義軍官制和當時中原官制相較有其相對獨立性，但其時中央官制對它的影響仍不可否認。如「押衙」一職，在唐安史之亂後大量出現，而歸義軍時期亦有「押衙」官職，「都頭」官名在沙州出現，估計亦與受中原影響有關。

世紀歸義軍曹氏某個時期，亦可聊備一說。

關於平面圖的製作在中國始於何時，《周禮》「小司徒」條云：

乃經土地，以稽其人民，而周知其數……乃經土地，而井牧其野。[28]

該條鄭玄注、賈公彥疏，均未講到有作圖之事。

又，孟子見滕文公曰：

夫仁政，必自經界始。經界不正，井地不均，穀祿不平。是故，暴君污吏，必慢其經界。經界既正，分田制祿，可坐而定也。[29]

從鄭氏注中，未見正「經界」是指作出表明土地「四至」的「平面圖」。

又，漢孝文帝后元年（前163）詔云：

夫度田非益寡，而計民未加益。[30]

該條顏師古注云：

度謂計量之。

由此可見，漢初之「度田」，亦非作出「平面圖」。

28　《周禮注疏》卷一一，《十三經注疏》本。
29　《孟子注疏》卷五上《滕文公上》，《十三經注疏》本。
30　參見《漢書》卷四《文帝紀》，中華書局1962年版。

　　在唐代，傳世文獻無疑遠比唐以前為多，特別是敦煌吐魯番文書的發現，引起了唐史研究的改觀。唐行「均田制」，就在一般「均田民」的土地中，既有通過「均田令」授予的小塊土地，同時還有舊有、繼承、買賣所得土地，而兼併土地的勢頭，與日俱增。在西、沙兩州有關戶籍、手實、土地還授文書中，我們所見到的，依然是採用文字腳注的「四至」記載的方式。在眾多公私文書中，不僅未見到土地的「平面圖」，也並未見到「田圖」這一形式。筆者曾撰《唐「籍坊」考》一文[31]，曾考涉及高昌縣下某戶申報戶籍中，其一段位在柳中縣的田畝「四至」及方位記載有疑，高昌縣判付柳中縣「籍坊」勘查，這裡不見有查據「田圖」的記載，依然是據柳中縣屬於籍坊的段面及方位、「四至」記載核正。

　　這裡並不表明中國古代尚不能繪製「平面圖」。事實上，《周禮》記職方氏之職掌：

　　掌天下之圖，以掌天下之地。辨其邦國、都、鄙、四夷、八蠻……之人民。[32]

該條鄭玄注「天下之圖」云：

　　如今司空輿地圖也。

又見《史記・荊軻傳》云：

31　《武漢大學學報》1983 年第三期。

32　《周禮注疏》卷三三《職方氏》，《十三經注疏》本。

（燕王）願舉國為內臣，比諸侯之列，給貢職如郡縣……及獻燕督亢之地圖。[33]

清黃生考「督亢」之圖云：

督亢猶言首尾，人身督脈在尾閭穴，亢為咽喉，故首尾謂之督亢，言盡燕地之所至為圖也。[34]

又見《史記》、《漢書》之《蕭何傳》中，記劉邦克咸陽後，諸將爭奪金寶，而蕭何獨先入收秦丞相御史府律令圖書藏之。沛公（劉邦）具知：

天下阨塞、戶口多少、強弱處、民所疾苦者，以何得秦圖書也。[35]

正因得秦之「地圖」，故劉邦在楚漢相爭之時，能知「天下阨塞」，有利作戰。從而表明應已有全國之「平面圖」繪製技能。

但直到唐代，即令因行「均田制」，有關均田民「受田」段畝，儘管有通過「均田令」國家授予之「公地」，也包括有私有土地而名義上仍納入「均田制」軌道中的地段，但依然採取段畝「四至」記載法，而未作出「平面圖」。個中緣故，出於推測可能是手續過於複雜，可能還因「均田制」下，租調的徵收還是以「丁身為本」。因之關鍵在於掌

33　參見《史記》卷八六《荊軻傳》記蒙嘉言，中華書局1959年版。

34　參見黃生撰，黃承吉合按：《字詁義府合按》之《義府》卷下「督亢」條，中華書局1984年版。

35　《史記》卷五四《蕭相國世家》、《漢書》卷三九《蕭何傳》。

握人口，尤其是按制應交納賦稅及應當兵士的那部分人口。這一點，在吐魯番出土若干份西州高昌縣的殘「鄉帳」及沙、西二州的殘「點籍樣」文書中，可以見到。[36]故此，無須作出土地的「平面圖」，而不是唐代尚沒有手段與能力繪制出表明土地占有的段畝平面圖。就是唐行「兩稅制」，改「丁身為本」之原則為「以資產為宗」後，亦不見有繪製「平面圖」之制。

　　這份圖是否歸義軍統治沙州時所創之制？就敦煌出土文書（指社會經濟類），歸義軍時期所占比重遠超過此前，尤其是歸義軍曹氏時期。這時期相當於五代後期到北宋初。但此圖僅一見，就連所有文書中，也從未見過繪製「平面圖」的痕跡。因而可以斷定歸義軍統治時期並無此制。

　　由上可見此件「園地圖」，只標「萬子」、「鬍子」二人名，連姓氏均未標出，亦不知何人為戶主。這種情況，明顯不符合唐、宋之制，因此，只能是私人行為的結果。而其目的可能在於表明兄弟兩人合戶共產所有田、園、園場的數量和方位。也可能還為今後分家析財作一依據，也算聊備一說。但無論如何，直到歸義軍曹氏時期，從未出現官府行為的制度，本件「田園圖」僅屬個別家庭的行為。

　　直到南宋時推行「經界法」，制「魚鱗圖」，置「砧基簿」，方始見到在南宋境內推行製作「田圖」之制。南宋高宗紹興十二年（1142），左司員外郎李椿年上言「經界」不正「十害」，議行「經界法」。高宗詔專委李椿年措置，遂設立「經界局」，由平江府（今蘇州）開始，逐漸推廣至兩浙、諸路。有關「經界法」，前輩學者多有研究，遂成定論。今所見，已故華山教授與王德毅先生之專題研究，最為精

36　參見朱雷《唐代「鄉帳」與「計帳」制度研究》。

當。[37]而筆者不悉宋史，只能老老實實吸取華、王二位先生成果，用以說明問題。

　　李椿年的建議與執行，無疑是古代核實土地占有狀況的措施之新創舉，「魚鱗圖」的措施也直接影響到明代的「魚鱗圖冊」。所惜《宋史》未為之立傳，其事蹟散見於《宋史》諸紀傳、《續資治通鑑長編》、《宋會要輯稿》、《文獻通考》等書中。李椿年將土地占有的不均，歸咎於「經界之不正」，他說：

　　　仁政必自經界始……富者日益兼併，貧者日以困弱，皆由經界之不正。

這裡，李椿年引用了孟子的名言，絲毫未提到南宋以前，正「經界」曾製作過反映土地占有的「平面圖」。然而按中國封建社會官民在設制或著書立說，例要徵引「古人所云」，從而足證繪製反映土地占有而製作「魚鱗圖」──即繪製土地占有「平面圖」，是前所未有的創舉。

　　「魚鱗圖」的製作，是以最基層的「保」為基礎，將本保範圍內，大則山川道路，小則人戶田宅、頃畝闊狹，皆一一描圖，使之東西相連，南北相照，各得其實。再合十保為一「都」之圖，最後合一縣所轄諸都圖為縣圖。南宋時的「魚鱗圖」今已不可見，但從現存明代之「魚鱗圖冊」，尚可窺見宋制之一斑。「經界法」的目的，在於通過「魚鱗圖」、「砧基簿」，以核實土地占有狀況，最終解決稅收問題。

　　由於官吏豪紳（甚至包括薄有田產者）的反對與阻撓，在實際執

37　參見華山《宋史論集》，齊魯書社 1982 年版，第 198 頁。王德毅：《李椿年與南宋土地經界》，《宋史研究集》第七十五輯，台北。

行過程中，必然是困難重重，由「走樣」、徒具形式，直到夭折。[38]因此，有關古代日本的「條里平面圖制」，筆者亦曾聽到日本學者對這一制度實施的實際可能性表示懷疑。

　　《萬子、鬍子田園圖》不過是一份圖，筆者之所以不惜筆墨繁瑣考證，除因斷代的需要，更主要在於試圖解答一些日本學者提出的問題。而結論不過是，這份「田園圖」只是個人行為，直到南宋紹興年間，因推行「經界法」，創製了「魚鱗圖」，政府方開始製作「田圖」。而日本在「大化革新」時雖大量吸取唐代制度，並對日本自身的發展產生深遠的廣泛的影響，但八世紀出現的「條里平面圖制」，卻是日本自身的創舉。

　　　　　　　（載《敦煌吐魯番文書論叢》，甘肅人民出版社 2000 年版）

38　參見梁太濟：《經界法》，載《中國大百科全書》中國歷史卷第三冊，中國大百科全書出版社 1992 年版，第 489 頁。

敦煌兩種寫本《燕子賦》中所見
唐代浮逃戶處置的變化及其他

　　十九世紀末至二十世紀初，敦煌莫高窟「藏經洞」的發現，引來外人覬覦，大量精美藝術珍品及各種寫本卷子，被掠至外國。一些本為一個完整的卷子，亦或是一種著作的若干寫本卷子，也被肢解分割，散失在英、法等國。中國學術界前輩如劉復、向達、王重民、王慶菽諸位先生，早年致力於在海外蒐羅被伯希和、斯坦因所劫至法京英倫的卷子，整理出版。這個工作不僅僅只是一般的移錄，還要具備淵博的學識和卓越的見解，經過反覆的考證，設法拼合，並要把被肢解分割在各國的一種著作的若干寫本殘卷，設法復原，以成完璧。在伯希和、斯坦因所竊取的寫本卷子中，分別以 P 字、S 字編號，可斷為《燕子賦》的諸種寫本殘卷者，計有：

　　P 字：2491、2653、3666、3757。
　　S 字：0214、0554、6267。

經王重民先生的研究，斷定這些寫本殘卷是分屬兩種寫本之《燕子賦》
的若干殘卷，並確定其歸屬如下：

甲種寫本《燕子賦》：

P 字：2491、3666、3757。
S 字：6267、0214、0554。

乙種寫本《燕子賦》：

P 字：2653。

經王重民先生校錄的這兩種寫本《燕子賦》，已一併收入《敦煌變
文集》上冊中。[1]現在我們雖然能直接閱讀伯希和、斯坦因文書的縮微
膠卷，也許還能就釋文方面提出一些不同看法。但當年王重民先生等
學界前輩在法京英倫，詳閱了寫本原卷，故於紙質、墨色、書法的辨
識，卻較今日僅憑閱讀器看縮微膠卷，無疑是有利多了。加之以他們
的真知灼見，為我們今日的進一步研究，提供了極為有利的條件。撫
今憶昔，倍覺更應珍惜學術前輩為我們所開創的敦煌文書研究的業績。

細讀這兩種寫本之《燕子賦》，可以看出其相同之處均在於：都以
「雀占燕巢」為創作題材，都是運用「擬人化」的創作手法。且就故事
情節的發展而言，其基本線索與結局也是大約相同的。文中寫到燕子
夫婦如何辛辛苦苦造得一「房舍」，而雀兒如何橫行霸道，先以言辭恐

1　參見王重民等編《敦煌變文集》（上冊），人民文學出版社 1984 年版，文中凡引此賦
　　處，不再一一作注。

嚇，稱道「括客」，斥指燕子夫婦為違法之「浮逃戶」。繼而又仗著家中人口多，欺侮燕子夫婦「單貧」，訴諸武力，打傷燕子，奪去「房舍」。燕子無奈，只得向充當百鳥之王的鳳凰投訴。經傳訊用刑，最後判處雀兒有罪是實，「房舍」斷還燕子。但在若干重要情節的變化與描寫之中，卻又看到大不相同之處。甚至某些在我們今日看來極為重要的部分，在甲種寫本中是作如是的敘述，而在乙種寫本中，卻又作了迥異的改寫。有的甚至在甲種寫本中本無任何敘述，而在乙種寫本中，又以相當篇幅增添進去。這種變化以及追其緣由，則是本文行將探討的核心。

為了看出變化，今試作表對照如下：

	甲種寫本《燕子賦》	乙種寫本《燕子賦》
雀兒恐嚇燕子語	（雀兒）仍自更著恐嚇，云明敕括客，標入正格。阿你浦（逋）逃落籍，不曾見你膺王役，終遭官人棒脊，流向擔（儋）、崖、象、白。	雀兒語燕子：不由君事觜（嘴）頭，問君行坐處，元本住何州？宅家今括客，特敕捉浮逃，點兒別設誚，轉急且抽頭。
燕子答雀兒語		燕聞拍手笑，不由事君（君事）落荒（謊），大宅居山所，此乃是吾莊。本貫屬京兆，生緣在帝鄉。但知還他窟，野語不相當。縱使無籍貫，終是不關君。我得永年福（復），到處即安身。此言並是實，天下亦知聞。是君不信語，乞問讀書人。

	甲種寫本《燕子賦》	乙種寫本《燕子賦》
鳳凰判雀兒有罪後雀兒求恕語及改判詞	（雀兒答鳳凰云）今欲據法科繩，實即不敢咋呀。見有上柱國勳，請與收贖罪價……鳳凰判云：雀兒剔禿，強奪燕屋。推問根由，元無臣（承）伏。既有上柱國勳收贖，不可久留在獄。宜即適（釋）放，勿煩案責。	雀兒啟鳳凰：判付亦甘從。王遣還他窟，乞請且通容。雀兒是課戶，豈共外人同，燕子時來往，從坐不經冬。

　　由上表對照，可見甲、乙兩種寫本「燕子賦」所存在的迥異之處就在於：

　　一、當雀兒恐嚇燕子時，兩種寫本均作「括客」，表明燕子夫婦是「浮逃戶」無疑。在甲種寫本中，不見有燕子答語的描寫。而在乙種寫本中，卻是增添了一定的篇幅，描寫燕子聞雀兒恐嚇之言後，居然敢於「拍手笑」，毫不在乎，自報本「貫屬」，並斥責雀兒：「但知還他窟，野語不相當。縱使無籍貫，終是不關君。」最後還自稱「我得永年福（復），到處即安身」。

　　二、鳳凰經審訊，判處雀兒奪宅有罪時，甲種寫本中寫作雀兒提出要以己之「上柱國」勳官「收贖罪價」。但在乙種寫本中，此段卻改寫成雀兒云：「判付亦甘從，王遣還他窟，乞請且通容。雀兒是課戶，豈共外人同，燕子時來往，從坐不經冬」。前者強調的是「勳官」，後者則改作「課戶」。

　　上述的不同之處，也正反映了這兩種寫本雖然就題材、寫作手法以及故事基本情節相同，但卻又不是一個祖本的兩個抄本。這種不同，正反映了它們是經過兩度創作改寫的結果。也正因如此，由於先

後兩度創作時代的不同，社會某些制度的不同，時代的變化，以及由此而引起的人們觀念的變化，也就在不同時代的作品中，得到了不同的反映。筆者曾指出變文之類民間文學固然是以佛傳故事、歷史人物與事件，以及民間傳說為題材，但作者往往於有意或無意中，把自己所處時代的種種制度及日常生活滲進作品之中。[2]而如《燕子賦》以「雀占燕巢」為題材，以擬人化的創作手法所創作的作品中，我們可以看到作者內心的憤懣與不平，對當時社會弊端的揭露和譴責，因而它又是一部寫實的作品。通過擬人化手法的描寫，我們看到了一對被封建賦役沉重剝削，不得不離鄉背井，逃亡在外「浦（逋）逃落籍」的「浮逃戶」——燕子夫婦，辛辛苦苦「喞（銜）泥來作窟，口裡見生瘡」，好容易造得一「宅舍」，卻被一無賴「雀兒」，以恐嚇及暴力，霸占去了。當然，由於時代的侷限性，在作者筆下，解決這問題還是只能依靠一個好皇帝——鳳凰的公正判決。在經過不同時期的兩度創作之後，我們也就看到如前所列舉的變化了。

在封建社會中，封建國家的殘酷剝削和壓迫，以及地主、高利貸者的兼併進攻，是農民破產的根源，而逃亡，則是農民經常採取的一種反抗鬥爭方式。封建統治者為了鞏固統治秩序，為了保證賦役剝削來源，建立了一套完整而又周密的籍帳制度，並以種種嚴酷的法令條文，將農民牢固地控制起來。作為封建政權的各級官吏，上自牧令，下至里正的職責，以及封建政權對他們的考績，有很重要的一項，也就在於他們對自己治下的農民控制，是否嚴密有效。

按照唐代法令規定，民戶每年一造「手實」，三年一造「戶籍」。

2　朱雷：《伍子胥變文、漢將王陵變辨疑——讀〈敦煌變文集〉札記（一）》，載武漢大學歷史系魏晉南北朝隋唐史研究室編《魏晉南北朝隋唐史資料》1985 年第七輯。

嚴格地固定住在本鄉本土的民戶，只有在法令允許的範圍內，可作有條件的遷徙。據唐制規定：

　　樂住之制，居狹鄉者，聽其從寬，居遠者，聽其從近，居輕役之地者，聽其從重。[3]

這裡所規定人口流動的前提有三：其一是從「狹鄉」遷往「寬鄉」。至於「寬」與「狹」之分，宋人馬端臨說得最為透徹。他說：「田多可以足其人者為寬鄉，不足者為狹鄉。」[4]其二是從偏遠地區，可遷入統治中心地區；其三是從役輕之地，可遷入役重之地。這裡所指的遷徙之民，不是泛指包括官僚、商賈在內的所有居民，而是專指向封建國家承擔所有封建賦役剝削的「均田制」下的農民。因而復又加以限制：

　　畿內諸州，不得樂住畿外，京兆、河南府不得住余州，其京城縣，不得住余縣。有軍府州，不得住無軍府州。[5]

這裡就對「樂住」之制復又加以嚴格的限制了。眾所周知，兩京所在之地，以及「畿內諸州」也正是皇室及官僚集中之地，且人口亦多。故可供用作「均田」的土地，也是極為少有的。史籍記載，唐太宗於貞觀十八年（644）至零口的一段史料：

3　《大唐六典》卷三「戶部郎中員外郎」條，日本廣池學園本，第 65 頁。

4　馬端臨《文獻通考》卷二《田賦考二》「歷代田賦之制」，中華書局 1986 年版。

5　《大唐六典》卷三「戶部郎中員外郎」條，第 66 頁。按「京兆」已下八字，是由內田智雄據殘宋本補入，他本不見。

　　（見）村落逼側，問其受田，丁三十畝，遂夜分而寢。憂其不給，詔雍州錄尤少田者給復，移之寬鄉。[6]

零口地處京兆府新豐縣界，受田嚴重不足，自屬「狹鄉」無疑。只是在唐太宗發了「憫憐」之心後，方允「尤少田者」在官方的安置下，移往「寬鄉」。乙種寫本《燕子賦》中，燕子自稱「本貫屬京兆，生緣在帝鄉」。但雀兒以「括客」，「特敕捉浮逃」恐嚇之，足證除皇帝特許外，並不允許京兆地區農民遷徙他鄉。當然，既本非京兆，在所遷徙之地，凡屬「逋逃落籍」，不「膺王役」，也是違法。對於京兆地區的特殊限制，是為了保證統治中心地區的賦役剝削有充分來源，以利形成「舉重馭輕」的局面。至於有軍府州居民不許遷往無軍府州的規定，則是為了保證諸折衝府有充足的兵源。而我們知道軍府集中在關中，京兆地區尤多。除了用嚴格的制度控制農民之外，還建立了「五保」制度。唐制規定：

　　五家為保，保有長，以相禁約。[7]

仁井田陞氏據《歐陽文忠公文集》中有關記載所補充的唐代「五保」制度云：

6　　《冊府元龜》卷四二《帝王部・仁慈門》，作幸「壹口」，同書卷一一三《帝王部・巡幸二》作幸「靈口」，中華書局 1982 年版。據賀昌群先生《漢唐間封建的國有土地制與均田制》一書上篇六「唐初的公田」注三十九，知皆為「零口」之誤。參見《賀昌群史學論著選》，中國社會科學出版社 1985 年版。

7　　《大唐六典》卷三「戶部郎中員外郎」條，第 65 頁。

諸戶皆以鄰聚相保，以相檢察，勿造非違。如有遠客來過止宿，及保內之人有所行詣，並語同保知。[8]

可見五鄰相保「以相禁約」的主要內容，除了一般「守法」之外，很重要的兩項就在於對來之人以及同保之內的人外出，都得令同保人相知。根據仿唐令所製作的日本律令條文就寫作：

凡戶皆五家相保，一人為長，以相檢察，勿造非違。如有遠客來過止宿，及保內之有所行詣，並語同保知。[9]

對於「遠客」、「止宿」、「行詣」，日本律令中還分別作了註釋如下：

遠客謂一日程外人也……此條大指，為防浮隱也……來過止宿，謂經一宿以上也。

有所行詣者，亦一日程以上外，可經宿是也。

由日本律令及其註釋，可見唐代「五保」之制的「大指（旨）」，就是防止逋逃，包括防止農民逃亡。敦煌所出《捉季布傳文》中，記載漢高祖為搜捕季布，特下敕：

所在兩（五）家圖（團）一保，察有知無具狀申……藏隱一餐停

8　仁井田陞：《唐令拾遺·戶令》第十之乙條，日本東方文化學院東京研究所 1933 年版。

9　《令集解》卷九《戶令》，日本吉川弘文館 1981 年版，第 267-268 頁。

一宿，滅族誅家斬六親。[10]

這應是文學作品中反映的唐代「五保」之制的現實寫照。固然這裡季布是亡楚舊將，又因「輔佐江東無道主，毀罵咸陽有道君」，不同於一般的「浮逃戶」。但同保之內，都要互相監督，「以相禁約」的原則是相同的。

同保之內，如發生逃亡現象，根據唐令仿製的日本律令規定：

凡戶逃走者，令五保追訪。[11]

該條注文又云：

此五保職掌。故其追訪之人，不在折徭限也。古記云：問，令五保追訪，未知追訪之間，免徭役不？答，已職掌事，不免徭役也。

這就是說，當同保內有人逃亡，其餘人戶負有追捕之責。而在追捕期間，儘管他們不能從事正常生產活動，但按照法令規定，所應承擔的各項徭役並不因此而得到蠲免，因而這實質就是對同保之內，因防範不嚴，未能盡到「以相禁約」，而造成人戶逃亡，所給予的懲罰。

封建社會的基本矛盾，決定了農民必定走向破產、逃亡的道路。

---

10 王重民等編：《敦煌變文集》上冊《捉季布傳文》，人民文學出版社 1984 年版；關於「兩家」為「五家」之誤，「圄」為「團」之誤，參見朱雷《捉季布傳文、盧山遠公話、董永變文諸篇辨疑——讀〈敦煌變文集〉札記（二）》，載《魏晉南北朝隋唐史資料》1986 年第八輯。

11 《令集解》卷九《戶令》。

在唐代，農民逃亡的發展趨勢，表明僅僅依靠籍帳管理，依靠「五保」之制，俱已失效。在農民逃亡已成為全國性的問題後，僅僅依靠一地區的州、縣行政長官及地方胥吏，已是無力解決了，而農民的逃亡，不僅僅影響到國家賦役收入，而且勢必發展為農民起義鬥爭，直接動搖封建王朝的統治。《金石萃編》所收姚崇《兗州都督於知微碑》記云：

> 長壽二年（693），制授鄂州刺史。無何，又累除道、利二州刺史。化被荊、楚，威覃蜀漢……州界□有光火賊，剽劫相仍，充斥為患。雖經討□，曾不衰止。有果州流溪縣丞邢曇之等，聞公政術，深思拯庇……曇之因使入京，乃以父老等狀上請。情詞懇到，□□天心，乃降優旨，授公檢校果州刺史。褰帷一視，群□出奔，下車三令，□境□息。[12]

這裡講的是果州「光火賊」，因於知微的到任而平息，是碑文美化其之功績。但據武周聖曆元年（698）陳子昂《上蜀川安危事》云：

> 今諸州逃走戶，有三萬餘在蓬、渠、果、合、遂等州山林中，不屬州縣。土豪大族，阿隱相容，徵斂驅役，皆入國用（按：「皆入國用」句，據上文意，當有訛脫。此處本云逃戶為地方豪強蔭庇而受其剝削。逃戶既已「不屬州縣」，何得「皆入國用」？）。其中游手惰業亡命之徒，結為光火大賊，依憑林險，巢穴其中。若以甲兵捕之，則鳥散山谷，如州縣急慢，則劫殺公行。比來訪聞，有人說逃在其中者，

12　參見王昶輯《金石萃編》卷七一《唐三十一》，中國書店 1985 年版。

攻城劫縣，徒眾日多。[13]

由此可見，《于知微碑》中「光火賊」即是「諸州逃戶」中「依憑林險、巢穴其中」的武裝起義者。他們的反抗鬥爭，並不因于知微的到任而平息下去，所以到了聖曆元年陳子昂還驚呼為「蜀中大弊」。就在《狄仁傑傳》中，也可見到江淮及河北、山東地區農民逃亡，比比皆是。[14]這表明武周統治時期，農民逃亡成為嚴重社會問題，並引起統治階級中有識之士的重視。首先是李嶠在武周證聖元年（695）上表指出：

今天下之人，流散非一。或違背軍鎮，或因緣逐糧，苟免歲時，偷避徭役。此等浮衣寓食，積歲淹年，王役不供，簿籍不掛。或出入關防，或往來山澤，非直課調虛蠲，闕于恒賦，亦自誘動愚俗，堪為禍患，不可不深慮也。[15]

這裡李嶠指出了農民逃亡的原因，也指出了對封建統治的不利影響。接著他又指出按照傳統的辦法，已不足以應付這種局面。他說：

或逃亡之戶，或有檢察，即轉入他境，還行自容。所司雖具設科條，頒其法禁，而相看為例，莫肯遵承。縱慾糾其愆違，加之刑罰，則百州千郡，庸可盡科？前既依違，後仍積習。檢獲者無賞，停止者獲免。浮逃不悛，亦由於此。今縱更搜檢，而委之州縣，則還襲舊蹤，卒於無益。

13　參見徐鵬校《陳子昂集》卷八，中華書局 1960 年版。

14　《舊唐書》卷八九《狄仁傑傳》，《新唐書》卷一一五《狄仁傑傳》。

15　《唐會要》卷八五《逃戶門》，中華書局 1955 年版。

李嶠在這裡指出了按過去州、縣自行搜檢的弊端，不能達到目的，並又提出了他的意見：

> 宜令御史督察檢校，設禁令以防之，垂恩德以撫之，施權衡以御之，為制限以一之。然後逃亡可還，浮寓可絕。

這裡值得注意的是，令御史「督察檢校」，就是把檢括浮逃農民由傳統的州、縣自理，轉變成全國的統一行動。有關李嶠建議的研究，中日兩國學者做了大量工作，取得了許多成果，此處不一一介紹，僅就本文有關部分，吸取前賢之說以證之。

總之，李嶠的建議，是在武周證聖元年（695）提出，但何時被採納並付諸施行，史籍中沒有記載。根據吐魯番出土《武周大足元年（701）西州殘籍》中記載：

> （前缺）
> 1. ☐☐☐老男　聖曆
> 2. ☐☐☐括附田宅並
> 3. ☐☐☐丁寡　聖曆二年帳
> （後缺）[16]

又見吐魯番所出《武周大足元年（701）西州某縣男智力等戶殘籍》記載：

16　池田溫：《中國古代籍帳研究》，日本東京大學東洋文化研究所1979年版，第239頁。

（前略）

1. ＿＿＿｜□□□年帳後括附
2. ＿＿＿｜聖曆二年帳後點入
3. ＿＿＿｜□□□年帳後點入

（後缺）[17]

前件殘戶籍行二以前當為一闕名戶，據行二所殘剩記載，知該戶為一新「括附」入籍浮逃戶。「田宅並」三字以下雖闕，據吐魯番地區出土之唐手實、戶籍，知此以下應闕「並未給授」數字。表明此一浮逃戶，新經「括附」，但尚未按制度授予永業、口分及園、宅地。又據行一腳注所殘剩「聖曆」二字，結合本件行三腳注及後件行三之腳注，知該戶應是在武周聖曆某年所括附。後件行一腳注殘剩「□□□年帳後括附」，未知何年括附。但其後行二腳注完整，作：

聖曆二年帳後點入。

值得注意的是，後件此行三所記，本為一戶。行一應是戶主，所殘剩行二、行三應是該戶戶內成員。且行二腳注完整，行三腳注雖紀年殘缺，據行二腳注所記，知當亦是在「聖曆二年帳後點入」。而行一腳注作「括附」不作「點入」，從而表明雖是一戶成員，但非同一年之事。行一所記，應是指在聖曆二年作「計帳」前，「括附」入籍。前引陳子昂於武周聖曆元年五月十四日所作奏疏中猶稱云「天恩允此情，乞作條例括法」，知就在此前尚未頒行全國範圍之「條例括法」制度。上引

17　池田溫：《中國古代籍帳研究》，第239頁。

前件殘籍已見聖曆某年「括附」記載，後件殘籍行二腳注作「聖曆二年帳後點入」，則行一所闕，可補作「聖曆元年帳後括附」。筆者有關唐代的「計帳」與「鄉帳」制度研究一文中，已指出唐代為貫徹「量入制出」的財政原則，每年一鄉諸裡里正據「手實」，作一鄉之「鄉帳」，一縣據諸鄉之「鄉帳」，作一縣之「計帳」，再次第入州，入尚書省，作出全國之計帳以統計全國之戶、口數，特別是應承擔賦稅、徭役的戶、口數。[18]「聖曆元年帳後」當指聖曆元年「計帳」以後之變化。據《唐六典》卷一「尚書都省」條云，諸州計帳限六月一日前納尚書省。故可推測李嶠雖於證聖年間提出建議，但未實行。只是在陳子昂的上疏之後，於是年六月以後採納李嶠的建議，在全國施行「條例括法」。敦煌文書《武周長安三年（703）典陰永牒》中出現的「括逃御史」（或稱「括浮逃使」、「括戶採訪使」），也即前引李嶠建議「宜令御史督察檢校」的結果。

李嶠建議中，對付「逋逃落籍」的「浮逃戶」諸種條例中，最後所提到的「限制者」為：

逃亡之民應自首者，以符到百日為限，限滿不出，依法科罪，遷之邊州。

唐長孺師曾指出：「以遷送邊鎮作為對逃亡人戶的處罰卻是新辦法。」[19]指明過去對逃戶並無如此處罰，這一點，對於我們理解甲種寫本《燕子賦》是有指導意義的。

18　朱雷：《唐代「鄉帳」與「計帳」制度研究》，為 1987 年香港「國際敦煌吐魯番學術會議」論文。

19　唐長孺：《關於武則天統治末年的浮逃戶》，載《歷史研究》1961 年第六期。

　　《燕子賦》中的燕子夫婦，是作者筆下用擬人化的手法，將候鳥——燕子譬作「浮逃戶」。如乙種寫本中，雀兒稱之「燕子時來往，從坐不經冬」，而以留鳥——雀兒譬作在籍之「課戶」。此種寫作手法，實是貼切。作為浮逃戶，「浦（逋）逃落籍」，觸犯了封建國家法令。同時，他們逃亡他鄉後，依然是一無所有的。逃入山林川澤，「不屬州縣」，且能隱匿的畢竟是極少數的。多數還是為土豪大族所「阿隱相容」，受其「徵斂驅役」的。這種情況也絕非僅僅只限於蜀川一地，敦煌文書《武周長安三年（703）沙州敦煌縣典陰永牒》中記載：

1.甘、涼、瓜、肅所居停沙州逃戶

2.牒奉處分：上件等州，以田水稍寬，百姓多

3.悉城居，莊野少人執作。沙州力田為務，

4.小大咸解農功。逃迸投詣他州，例被招

5.攜安置，常遣守莊農作，撫卹類若家

6.僮。好即薄酬其庸，惡乃橫生構架。

7.為客腳危，豈能論當。[20]

這里正反映了就是遠在河西走廊，逃亡農民最終也只能如蜀川之地一樣，托庇於地主階級，為之「守莊農作」，受其剝削。所謂「薄酬其值」，表明他們所受剝削之沉重。更有甚者，一些地主「惡乃橫生構架」，進行更殘酷的欺詐。由於他們是「浮逃戶」，不能不托庇於地主階級，正是「為客腳危」，自然不敢與地主「論當」。

20　內藤乾吉：《西域發現之唐代官文書研究》，載日本《敦煌吐魯番社會經濟資料》（下），西域文化研究會編，法藏館 1960 年版；又見池田溫《中國古代籍帳研究》。

　　在逃戶中，也有少量的逃戶經過掙扎，也可能積累少量財產。如《燕子賦》中的燕子夫婦，「唧（銜）泥來作窟，口裡見生瘡」，辛辛苦苦，「取高頭之規，壘泥作窟，上攀梁使，藉草為床」，終於造得一「宅舍」。雖較之「莊蔭家住」[21]、連房舍俱無的逃戶富有，但這並不能改變其「逋逃落籍」的浮逃戶身分，因而遇到雀兒這種「豪橫」之徒，使以「橫生構架」的手段，「宅舍」終不免被霸占去。

　　在甲種寫本《燕子賦》中，雀兒雖口出大言，自稱云「雲野（野雲）鵲是我表丈人，鵁鳩是我家伯，州縣長官，瓜蘿親戚」。但當鴝鵒奉鳳凰之命前來捕捉雀兒時，雀兒自感驚恐：

　　昨夜夢惡，今朝眼。若不私鬥，克被官嗔。比來徭役，征已應頻，多是燕子下牒申論。

由此所見，雀兒也是要交租服役的百姓。及至雀兒被鳳凰傳訊後，猶不免「責情且決五百，枷項禁身推斷」。躺在獄中，「口裡便灌小便，瘡上還貼故紙」。且不見有任何州縣長官，「瓜蘿親戚」為之解脫。只能求神拜佛，「口中唸（念）佛，心中發願，若得官事解散，驗寫《多心經》一卷」。雀兒此舉，亦如燕子所云：「人急燒香，狗急驀牆。」最後雀兒所能自我稱道的，不過是一勳官——上柱國。但是，他之前抓住燕子夫婦是「逋逃落籍」，違犯封建國家法令，故敢於「橫生構架」，霸占燕巢。

　　在甲種寫本中，雀兒恐嚇燕子夫婦語作：

21　《唐會要》卷八五《籍帳門》引寶應二年敕。

云明敕括客，標入正格。阿你浦（逋）逃落籍，不曾見你膺王役，終遣官人棒脊，流向擔（儋）、崖、象、白。

這裡恐嚇之言，已提到「明敕括客，標入正格」，以及如前引唐長孺師指出的新辦法，「遷之邊州」，應是表明武則天已將李嶠建議作出「條例」，以「格」的形式頒布全國。李嶠建議中所謂「權衡以御之」者：

逃人有絕家去鄉，離失本業，心樂所在，情不願還，聽于所在隸名，即為編戶。夫顧小利者失大計，存近務者忘遠圖。今之議者，或不達于變通，以為軍府之地，戶不可移，關輔之民，貫不可改。而越關繼踵，背府相尋。是開其逃亡，而禁其割隸也。就令逃亡者多不能歸，總計割隸，猶當計其戶等，量為節文。殷富者令還，貧弱者令住。

這裡所提到的「變通」，正是對前引所規定「畿內諸州，不得樂住畿外，京兆、河南府不得住余州，其京城縣，不得住余縣。有軍府州，不得住無軍府州」的戶籍管理傳統政策的改革。但也不是毫無限制，任何浮逃戶均可就地入籍。李嶠仍然不可能完全擺脫傳統的觀念，所以提出按戶等高下，即按照財產多寡的原則，「殷富者令還，貧弱者令住」。這裡不僅僅是對關輔及有軍府州縣之浮逃戶的限制。前所引《武周長安三年典陰永牒》中所反映的情況，表明自聖曆二年派御史至各地括客，直至數年後，猶一再搜括，併力圖使之遷回原貫，唐長孺師已有詳考，表明李嶠「變通」之法，是有很大限度的。

李嶠建議中，為了誘使浮逃戶自首，有所謂「恩德」之條例，其云：

逃亡之徒，久離桑梓。糧儲空闕，田地荒廢。即當賑于乏少，助其修營。雖有闕賦懸徭，背軍離鎮，亦皆舍而不問，寬而勿徵。其應還家，而貧乏不能致者，乃給程糧，使達本貫。

又，前引《武周長安三年沙州敦煌縣典陰永牒》後部記云：

（上略）承前逃戶業田，差戶出子營種。所收苗子，將充租賦，假有餘剩，便入逃人。今奉明敕：逃人括還，無問戶等高下，給復二年。又今年逃戶，所有田業，官貸種子，付戶助營。逃人若歸，苗稼見在，課役俱免，復得田苗。或恐已東逃人，還被主人詄誘，虛招在此有苗，即稱本鄉無業。漫作由緒，方便覓住。此並甘、涼、瓜、肅百姓共逃人相知。詐稱有苗，還作住計。若不牒上括戶採訪使知，即慮逃人訴端不息。

上引牒文中所見「明敕」中有關「給復」及「官貸種子」的條文，應是李嶠建議中所謂「恩德」的具體化。不同於牒文中所記過去對逃戶招徠的規定，它更有優待。又，前考武周括戶始於聖曆二年，但直至聖曆四年後，仍在繼續進行，表明其中固因地主階級為保持「類若僮僕」的剝削對象而採取「詄誘」手法外，還因逃人本身未必相信這種「恩德」而回歸一無所有的舊貫。敦煌縣上給括戶採訪使的牒文，固然是想把本縣逃往甘、涼、瓜、肅的浮逃戶，重新括回本縣，以增加本縣人口。但也反映了武周括戶所得浮逃戶，不是無條件地允許就地落籍，若被認為本鄉「有業」，即令遷回舊貫。而甲種寫本《燕子賦》中的燕子夫婦，離鄉背井，逃亡在外，且已小有家業，自不願回歸舊貫，就在武周括客之時，依然不肯自首。雀兒正是抓住了這點，所以

敢於「橫生構架」。

雀兒恐嚇燕子夫婦云：

終遣官人棒脊，流向擔（儋）、崖、象、白。

這應是李嶠建議中所謂「限制」之法提及的「依法科罪，遷之邊州」的體現。但李嶠只云「邊州」，未云何地。武則天於光宅元年（684）殺裴炎後，其侄裴伷首先流遷嶺外，後又徙北庭。[22]足見武周時，嶺南及遠在西北的北庭，均為流徙之所。但作者何以借雀兒之口，直指流徙海南之地？這裡給了我們一個啟示：作者是在河西走廊某地創作，因而在描寫之中，為加強雀兒恐嚇燕子夫婦的語氣成分，故不用與河西地區較近之西、庭二州之地，而用距之最遠的海南地區，作為流徙之所。

武則天採用李嶠的建議，派御史到全國各地行「括客」之制，運用恩威並舉的手法，仍不能阻止農民逃亡。這固然是封建剝削造成的結果，同時也是因為存在若干地區人口與土地比例失調的現象。往往愈是經濟發達地區，人口愈多，平均占有土地愈少（這裡絲毫沒有否定愈是經濟發達地區，官吏、地主愈多，從而造成土地兼併愈嚴重這一現實）。因而無地或少地農民流向相應地廣人稀地區，本是一合理現象，是有利於生產發展的。李嶠建議中雖有「變通」之舉，但如前所考，仍有極大限制，其建議的基調仍然是遷回原籍。直到唐玄宗開元年間，採用宇文融的建議，才有了制度的變化。

唐玄宗開元九年（721）至十二年（724）底，採用宇文融的建議，

22　《太平廣記》卷一四七《定數二》「裴伷先條」出《紀聞》，中華書局 1961 年版。

在全國範圍內檢括逃戶。當然，宇文融的「檢括」還涉及「籍外剩田」
以及「色役偽濫」等問題。有關宇文融「檢括」之制的研究頗多，中、
日兩國學者都發表了不少真知灼見，此處亦不須一一列舉。這裡僅引
若干有關條文如後。宇文融為招誘逃戶自首，規定：

天下所檢責客戶，除兩州計會歸本貫以外，便令所在編附。[23]

似乎除雍、洛二州，即舊所云「關輔之民」外，逃戶皆可就地「編附」
入籍，但現實卻未必如此。吐魯番出土的唐開元二十一年（733）西州
都督府案卷中，有一份訊牒記載了因遺失過所，而被捉審訊的蔣化明
之辯辭如下：

1.先是京兆府雲陽縣嵯峨鄉人，從涼府與敦（郭？）元暕驅馱至北
庭。括

2.客，乃即附戶為金滿縣百姓。[24]（下略）

蔣化明本是「京兆之民」，何時因何故到河西之涼州，復又於何時抵北
庭，訊牒中無有記載，但僅就此簡略記載，可見蔣是一無所有、為謀
生而浮逃在外的浮逃戶以受僱「驅馱」。到了北庭，遇上「括客」應即
玄宗開元年間，行宇文融的建議，在全國範圍內檢括逃戶。就從訊牒
中，亦可見此時蔣化民並沒有隱瞞其舊貫是京兆雲陽縣，但當時一經
括出，「即附戶為金滿縣百姓」。訊牒中所記最後經審訊，查實蔣化明

23　《通典》卷七《食貨七・歷代盛衰戶口門》，中華書局 1985 年版。
24　吐魯番出土文書》第九冊，文物出版社 1990 年版，第 61-62 頁。

所說是實，處理則是令其僱主領回，並未因知其舊貫京兆而令其回歸本貫。這裡表明了在實際「檢責客戶」的過程中，主要還是在於只要浮逃戶重新編附入籍，而不再強調「關輔之民」必要遷回舊貫。這一點在乙種寫本《燕子賦》中也得到了證實。

宇文融的建議中，對經檢括而編附入籍的「客戶」，還給予優遇：

其新附客戶，則免其六年賦調，但輕稅入官。[25]

表明逃戶一旦檢括入籍後，可免除六年租調，在此期間，僅交納一筆輕稅：

每丁量稅一千五百錢。[26]

這就在一定時間內，造成了戶籍上兩種不同待遇的居民，一是土住，承擔全部封建賦役剝削的「課戶」，一是新經檢責出入籍、六年內但納「輕稅」的「客戶」。這一點同樣在乙種寫本《燕子賦》中得到了證實。

在乙種寫本《燕子賦》中，開端有一五言詩云：

此歌身自合，天下更無過。雀兒和燕子，合作開元歌。

表明作者將此寫本之時代，置於開元年間無疑。文中雀兒用以恐嚇燕子夫婦語云：

25　《舊唐書》卷一〇五《宇文融傳》。

26　《舊唐書》卷四八《食貨志》。

不由君事觜（嘴）頭，問君行坐處，元本住何州？宅家今括客，特敕捉浮逃。點兒別設誚，轉急且抽頭

按「宅家」據唐李匡乂云：

蓋以至尊以天下為宅，四海為家，不敢斥呼，故曰宅家，亦猶陛下之意。至公主已下，則加子字，亦猶帝子也。[27]

這裡雀兒所云，據前考，當是指開元年間，玄宗採用宇文融的建議，在全國範圍內，推行「括客」之事。

兩種寫本《燕子賦》中，雀兒恐嚇燕子，均用「括客」。但在甲種寫本中，不見燕子有任何論理之處，而在乙種寫本中，卻有較多的文筆，用於描寫燕子論理之處，當雀兒口發恐嚇之言後，燕子居然敢於「拍手笑」云：

不由事君（君事）落荒（謊），大宅居山所，此乃是吾莊。本貫屬京兆，生緣在帝鄉。但知還他窟，野語不相當。縱使無籍貫，終是不關君。我得永年福（復），到處即安身。此言並是實，天下亦知聞。是君不信語，乞問讀書人。

在這裡燕子敢於不懼雀兒恐嚇，自報本是京兆貫屬，而稱逃住之地為

27　參見李匡乂《資暇集》，《說郛》卷五八，中國書店 1986 年版；程毅中《古小說簡目》「資暇」條，中華書局 1981 年版；又《資治通鑑》卷二六二「唐昭宗光化三年」條，記宦官劉季述、王仲先謀廢昭宗，以兵入內，皇后云：「軍容勿驚宅家。」中華書局 1956 年版。

「此乃是吾莊」，並還敢於斥責雀兒恐嚇之言是「野語」，這不能不同宇文融「括客」之制不同於李嶠建議的變化有關。李嶠建議中，對「關輔之民」的逃戶是否必定遷回原籍貫，雖有「變通」，但卻是有限制。宇文融的建議則是原則上雖有限制的條文，而在實際執行中，只要「所在編附」，就地落籍即可。前引有關蔣化明的訊牒記載以及此處燕子云「到處即安身」，都表明了這一點。燕子所云「我得永年福」之「福」字如不誤，當然可以理解作指下句「到處即安身」而言。但根據前引宇文融對新括附客戶的優遇，則此處之「福」，應是「復」之誤。《唐會要》卷八四《移戶門》記：

> 開元十六年十月敕，諸州客戶，有情願屬緣邊州府者，至彼給良沃田安置，仍給永年優復。宜令所司，即與所管客戶州計會，召取情願者，隨其所樂，具數奏聞。

這裡所講，是指已經施行「括客」之後，已附籍之「客戶」有願遷徙邊州的，除到後給與土地外，還「仍給永年優復」，從而表明，燕子所云「永年福」應是「永年優復」。而這就是指宇文融允許新括附的「客戶」在六年之內，「但輕稅入官」。較之前引《武周長安三年典陰永牒》中所云聖曆年間括戶，定「逃人括還，無問戶等高下，給復二年」，可謂「永年優復」了。

在甲種寫本《燕子賦》中，當鳳凰判處雀兒奪宅有罪時，雀兒詭稱：

> 交被老烏趁急，走不擇險，逢孔即入，暫投燕舍，勉（免）被拘執。實緣避難，事有急疾，亦非強奪，願王體悉。

鳳凰斥之云：

　　既稱避難，何得恐赫（嚇），仍更躓打，使令墜翮，國有常刑，合笞決一百。

而雀兒卻提出：

　　今欲據法科繩，實即不敢咋呀，見有上柱國勳，請與收贖罪價。

按唐律中，本有「議」、「請」、「減」、「贖」諸章的封建特權法規。[28]
凡文、武職事、散官以及衛官、勳官，皆按品級，享有特權。所謂「贖
章」，即指凡屬於「議」、「請」、「減」範圍內，以及九品以上官，並
及七品以上官的祖父母、父母、妻、子、孫，犯流罪以下的，允許以
銅贖罪。雀兒身為上柱國，其品級為「視正二品」[29]，當合享有「贖」
之特權。然按唐律，笞刑有五等，由笞一十至笞五十。而杖刑亦有五
等，由杖六十至杖一百。[30]故以笞刑計，不得「決一百」。若以「決一
百」計，則已入杖刑。《燕子賦》本是民間文學作品，雖然反映了當時
制度，但卻又未必精確，全如法律條文，亦不足為怪。且據下文所云
「阿莽次第，五下乃是調子」，知非「決一百」。而在乙種寫本中，此段
描寫則全部刪去，作了迥異的改寫，但稱雀兒云：

　　判付亦甘從，王遣還他窟，乞請且通容。雀兒是課戶，豈共外人

28　劉俊文校點：《唐律疏議》卷一《名例一》，中華書局 1985 年版。

29　《舊唐書》卷四二《職官志》，《新唐書》卷四六《百官志》。

30　《唐律疏議》卷一《名例一》。

同。燕子時來往，從坐不經冬。

我們認為經過兩度創作改寫的雀兒，由自稱是「上柱國」改為自稱是「課戶」的變化，正反映了唐代「勳官」地位下降，以及由於宇文融括戶政策的結果，造成一定時間內賦役負擔有輕重不同的「土戶」——「課戶」與「客戶」的差別這一現實。

按「勳官」之制：

出于周、齊交戰之際，本以酬戰士，其後漸及朝流。階、爵之外，更為節級。[31]

在唐代，勳官由武騎尉至上柱國，共十二等。《木蘭詩》云：

策勳十二轉。[32]

即是由最低級之「一轉」武騎尉至「十二轉」之上柱國。武騎尉猶為「視從七品」。[33]得勳官不僅僅是一種榮譽，還可憑藉此升遷，享受特權。故隋唐之際，人重勳官。隋朝大臣韓擒虎臨終猶云：

生為上柱國，死作閻羅王，斯亦足矣。[34]

31　《舊唐書》卷四二《職官志》，第 1807 頁。

32　參見逯欽立輯校《先秦漢魏晉南北朝詩》下冊《梁詩》卷二九《橫吹曲辭》，中華書局 1982 年版。此文早經前賢考證，完成於唐代，故其所云勳官之制，亦是唐代制度。

33　《舊唐書》卷四二《職官志》，《新唐書》卷四六《百官志》。

34　《隋書》卷五二《韓擒虎傳》，中華書局 1973 年版，第 1341 頁。

敦煌所出《韓擒虎話本》這部民間文學作品，正是以此為題材，寫作「身披黃金鎖甲，頂戴鳳翅頭毛（牟）」的「五道將軍」前來見韓，稱道：

> 夜來三更，奉天符（符）牒下，將軍合作陰司之主。[35]

足見人世間的上柱國之地位，可與地獄之鬼王相匹配。就在《木蘭詩》中也見到如下記載：

> 將軍百戰死，壯士十年歸。歸來見天子，天子坐明堂。策勳十二轉，賞賜百千強。可汗問所欲，木蘭不用尚書郎，願馳千里足，送兒還故鄉。

「十二轉」即至上柱國。既得高勳，就有可能得到高官，在最後定型於唐代的文學作品中亦得到了映證。

但是，勳官的地位，就在唐高宗初年即已開始下降，史稱：

> 自是已後，戰士授勳者動盈萬計。每年納課，亦分番於兵部及本郡。當上省司，又分支諸曹。身應役使，有類僮僕。據令乃與公卿齊班，論實在于胥吏之下，蓋以其猥多，又出自兵卒，所以然也。[36]

這裡反映了勳官地位下降為社會所輕視的地位的變化。劉仁軌在高宗

35　《韓擒虎話本》，載《敦煌變文集》上冊。
36　《舊唐書》卷四二《職官志》，第 1808 頁。

顯慶末年（或稍後）上表講到：

　　又為征役，蒙授勛級，將為榮寵。頻年征役，唯取勳官。牽挽辛苦，與白丁無別。百姓不願征行，特由於此。[37]

以上均表明唐王朝本以勛官授與立戰功者，以激勵士兵為其效力。但因戰事頻繁，授勛亦多，反而因此不能得到真正的「榮寵」。而且正因戰事頻繁，勛官往往首當其衝地被徵發，甚至還要身當「牽挽辛苦」之役。即令作為勛官，按制番上兵部，亦是「身應役使，有類僮僕」。故其品秩雖高，如上柱國為視正二品，相當於文散官之特進、武散官之輔國大將軍、職事官之尚書令，而「論實在於胥吏之下」。所以雀兒雖得勛官上柱國，但仍不免只是一個交租納役的課戶。

　　當然，這種轉變也是要經歷一個時期的。就是上表稱云勛官地位下降的劉仁軌，在高宗咸亨五年（674）以戰功進爵為公：

　　並子、侄三人，併授上柱國。州黨榮之，號其所居為樂城鄉三柱里。[38]

此亦可見上柱國勛官尚有相當之虛名，為時人所重。但整個勛官地位下降的趨勢，則是不可避免的，正如史書所云：

　　近日征行，虛有賞格，而無其事……賞絕不行，勛乃淹滯。[39]

37　《舊唐書》卷八四《劉仁軌傳》，第 2793 頁。《新唐書》卷一〇八《劉仁軌傳》。
38　《舊唐書》卷八四《劉仁軌傳》，第 2795 頁。《新唐書》卷一〇八《劉仁軌傳》。
39　《舊唐書》卷九二《魏元忠傳》，第 2949 頁。《新唐書》卷一二二《魏元忠傳》。

此雖高宗儀鳳年間魏元忠上封事，言命將用兵之工拙，但亦可見當時勳官地位之下降趨勢。因而在敦煌、吐魯番兩地出土唐代戶籍中，沒有一戶勳官是按制授足田的。如按唐制，上柱國應授勳田三十頃，但《燕子賦》中的雀兒似乎還無一完好房宅。所以「見他宅舍鮮淨，便即兀自占著」，「婦兒男女，共為歡樂」。當然雀兒是欺燕子夫歸為一浮逃戶，同時也是仗著自己是上柱國，故此敢於「頭腦峻削，倚街傍巷，為強凌弱」。及至遭鳳凰遣鷁鳥捉拿歸案之際，「雀兒怕怖，悚懼恐惶。渾家大小，亦總驚忙，遂出跪拜鵁鶄，喚作大郎二郎。」在胥吏面前，亦自「類於僮僕」。只是待鳳凰判處責罰時，才提出以己之上柱國勳，「請與收贖罪價」。

　　歷經武周至唐玄宗世，勳官地位愈遭輕視。至於勳官是否仍然享有「贖章」特權，史無記載。在敦煌所出《唐天寶三載（744）寫本妙法蓮華經度量天地品》題記中有如下記載：

　　　天寶三載九月十七日，玉門行人在此襟（禁），經二十日有余，于獄寫了。有人受持讀誦，楚客除罪萬萬劫記之。同襟（禁）人馬希晏，其人是河東郡桑泉縣上柱國。樊（楚）客記。[40]

由此可見，是《經品》為一禁囚之玉門行人——商人在獄中，為求神靈庇佑，消除災難，發願而寫。正如同雀兒在獄中發願寫《多心經》作法一樣。據記，知同時遭監禁者為一上柱國，此亦可見勳官地位之下降。作為乙種寫本《燕子賦》的創作者，既忠實於原作的主題與創作手法，同時又忠實於時代制度與人們觀念的變化，從而由強調勳官

40　參見許國霖《敦煌石室寫經題記與敦煌雜錄》，商務印書館 1937 年版。

上柱國改寫作強調是「課戶」，不同於納輕稅的「客戶」，以求得鳳凰的「通容」。

　　《燕子賦》無疑是優秀的民間文學作品，其文學價值已有學者作了高度評價。[41]本文主要只在於吸取中日學者對李嶠及宇文融關於處置逃戶政策的研究成果，針對兩種寫本中迥異改寫及增添描述部分，考出其變化緣故，進而指出兩種寫本之《燕子賦》，是經兩度創作改寫。甲種寫本應作於武周聖曆元年「括客」之後，乙種寫本應作於唐玄宗開元年間「括客」之後，反映了唐代對浮逃戶處置變化的歷史過程及有關問題。

　　（原載唐長孺主編《敦煌吐魯番文書初探二編》，武漢大學出版社1990年版）

41　參見張振離《從「燕子賦」看民間文藝》，載周紹良、白化文編《敦煌變文論文錄》下冊，上海古籍出版社1982年版。

敦煌藏經洞發現之民間講唱
文藝作品的歷史考察
——二十一世紀的展望

　　在敦煌藏經洞發現的變文、傳文、話、賦之類文書，多有前賢從文書拼合、釋文、標卷、斷代、定名等方面，作了大量艱苦、細緻的工作，並在此基礎上，出版了多部各有千秋的集子，把這批珍貴瑰寶初步整理研究的結果，奉獻於世人。這類集子的整理者所作的註釋、校議等成果，也都是幫助讀者領悟要義，或作進一步研究的入門津梁之作。前賢及同輩學人，從文字、語言、文學諸角度出發，進行了多學科的分工合作研究，亦取得了斐然成果。

　　這類民間文藝創作成果，從文藝分類上講，無論是變文、傳文、話、賦之類，其共同點是有講有唱，一般說來是以講為主，輔以韻文唱頌。如果歸納而言之，稱作講唱文藝作品亦未嘗不可。

　　作為「講唱者」，首先要掌握一文字記錄之「底本」，平時不僅要熟讀，以達到完整背誦之程度，而且要對根據底本所描寫的事件的產生發展、人物喜怒哀樂情緒的變化等，有深刻體會，方能在講唱之

時，達到「聲情並茂」的境界，方能使聽眾「樂聞其說」，並達到「以悅俗邀布施」的最終目的。

向達先生在《唐代俗講考》中指出：

宋代說話人以及傀儡戲弄影戲者，俱有話本，而齊梁以來僧人唱導，亦各有依據。[1]

這裡雖說的是齊梁之世的「僧人唱導」及宋代的「說話人」，但無論「唱導僧」，亦或「說話人」，在其「唱導」、「說話」時，「亦各有據」，也即是有「底本」。

魯迅先生在《中國小說史略·宋元話本》中曾指出：

說話之事，雖各運匠心、隨時生發，而仍有底本，以作憑依，是為話本。[2]

應是最早提出「話本」為「底本」之說。施蟄存先生在駁日本漢學家增田舍在其《論「話本」的定義》一文中——持「話本」的定義，不能解釋為「說話人的底本」之說——說「話本」時，首先就引述了魯迅先生上述論斷。

施先生還進一步考定「底本」的涵義，應有三個階段：

首先是一個能創造故事（話）的藝人，他自己記錄下他的講話，

1　向達：《唐代長安與西域文明》，生活·讀書·新知三聯書店 1979 年版，第 504 頁。
2　《魯迅全集》第十二冊第九卷，人民文學出版社 1981 年版，第 110-117 頁。

一則防止遺忘，二則以備隨時修改，這是「底本」的最初意義，可以說就是「底稿」。重點在「底」字。這種「底本」，每一個藝人都各有自己的一份，不向外傳的。

第二階段是：多數藝人不會自己創造故事。他們沒有自己的底稿，就利用師傅的講稿，作為他們的底本。這時候，所謂「底本」，應當解釋為他所依據的文本，重點在「本」字。[3]

以上雖主要就宋代「話本」而言，但無疑對講唱文藝中的講唱「依據」——「底本」，理順了脈絡，道出了原委，同樣適用於在雕版印刷發展盛行前的唐代，也即是敦煌藏經洞所出變文、傳文、話、賦之類，皆是民間講唱藝人所持之「講唱」的「底本」。

據這些「底本」所見，作者固有一定文化素養，卻也並不上乘，而且作為文藝創作之特性，並不等同於經史之作。故即令其本取材於佛典史傳之題材，出於其自身素質之限制，大多生吞活剝，但若照本宣科，聽者自感索然無味，「講唱者」復何能得「布施」？故「講唱者」為取悅世人，自然蔓生枝葉，添加杜撰，不顧歷史真實，而作文藝誇張。至於取材民間傳說之作，更貌似荒誕無稽。在這些作品中，也就往往出現或子虛烏有、或張冠李戴之處，因而往往易為世人忽視其真實性。如果揭去這層面紗，就會發現作者往往因時而作，總是直接間接反映了時代之特徵。

如世人所關心的現實問題，時代風尚變化發展與社會現實的變化發展、制度變化，等等。特別是作者總是往往於有意無意中，把當時風俗及現行之各種制度糅摻於自己的作品之中，看似「無知」卻又「有

3　施蟄存：《說「話本」》，《文史知識》1988 年第十期。

知」。因此，在進一步探討這一批民間文藝瑰寶時，還應從歷史角度去考察，方能進一步深入認識其價值，同時也更有利於對文字、標點、斷句以及創作時代與動機的準確判斷。

一、以斷句為例

《伍子胥變文》（S.0328）原件抄錄形式如下：

1.至曉即至江西　子胥告令軍兵　大須捉搦　此是平王之境　未曾
諳悉
2.山川　險隘先登　遠致虞侯　長巡子將　絞略橫行傔奏偷路而行
3.游奕經余一月　行逞（程）向盡（下略）

大約由於此三段原件抄錄行式如此，故諸本錄文斷句皆作如下：

未曾諳悉山川，險隘先登，遠致虞侯，長巡子將，絞略橫行。傔奏偷路而行，游奕經余一月，行逞（程）向盡。

但若據此種斷句標點方式，仔細玩味，幾不可解。若從歷史研究角度出發，據《太白陰經》、《通典》等史籍，依照每種軍職的執掌特點去進行考察，就可發現上種斷句標點僅據原文書抄錄形式而定，實欠妥當。

筆者曾撰文據史籍，按照唐代之行軍制度，並及虞侯、子將、傔人、別奏、游奕等武職之執掌、擇用標準諸方面去考定，應作如下斷

句標點：

　　未曾諳悉山川險隘，先登遠致：虞侯長巡，子將絞（較）略，橫行傔奏，偷路而行遊奕。經余一月，行逞（程）向盡。[4]

　　總之，這類民間文藝的「底本」的抄錄，並不如佛、道經典的抄錄，還要從其本身以及所涉及的各種制度去考察，方能找到一種比較符合原意的標點方式。

　　有關此類事例尚多，此處不一一指出。

二、以專有名詞為例

　　按：《漢將王陵變》中，述漢軍擬夜襲楚營，行前王陵語灌嬰曰：

陵語大夫今夜出，楚家軍號總須翻。

　　同文中，述及楚將季布奉霸王令巡營云：

　　中軍家三十將士，各執闊刃蕘（陌刀），當時便喝：「既是巡營，有號也無？」

4　朱雷：《〈伍子胥變文〉、〈漢將王陵變〉辨疑——讀敦煌變文札記（一）》，收入武漢大學魏晉南北朝隋唐史研究室編《魏晉南北朝隋唐史資料》第七輯，武漢大學出版社1985年版，第19-24頁。

筆者復據李荃《太白陰經》第五十二《夜號更刻篇》及《通典‧兵典》
引李衛公兵法，判斷這「軍號」及「號」即軍中夜所行用之制，猶如
近代以來軍中之「口令」。故當季布被問「有號也無」時，答曰：

　　「有號，外示得？」中軍將士答：「里示！」合，懼（拒）馬門闔
（霍）地開來，放出大軍。

根據《通典》引李衛公兵法的規定，「不得高聲唱號」。故季布所云「有
號，外示得？」以及中軍家將士答云「里示」，即是季布反問「能大聲
嗎」之意，回答「里示」，即表示「小聲」之意。而「合」，表明雙方
「擲號」相符於大將軍所定當夜之「號」。故開「拒馬門」放季布出營
巡探。[5]

　　有關此類例證亦復有之，此處不一一列出。

三、以判斷寫作年代為例

　　以《舜子變》為例：按舜以孝事親，傳說由來已久，且有儒家著
作為證。但唐堯虞舜世事，歷代相傳，難強多有增改。而作為民間文
藝創作，自必難於判斷該篇變文創作年代。但該篇記舜父瞽叟喚言舜
子云：

5　朱雷：《〈伍子胥變文〉、〈漢將王陵變〉辨疑──讀敦煌變文札記（一）》，第 19-24
　　頁。

遼陽城兵馬下，今年大好經記（紀）。阿耶暫到遼陽，沿路覓些宜利。

該篇尾部題記用後晉石敬塘天福年號，但此絕非創作年代。據前云「遼陽城兵馬下，今年大好經紀」，則據兩《唐書》及《資治通鑑》，應指唐太宗或者是唐高宗征遼之時。唐無「遼陽」，但或因用舊典，或指遼水之北，亦未嘗不可。

以《唐太宗入冥記》為例：

按此文記唐太宗入陰曹地府，遇冥判官崔子玉及還陽之事，末云：

太宗賜崔子玉，蒲州刺史兼河北廿四州採訪使……（崔子玉云）陛下若到長安，須修功德，發走馬使，令放大赦，仍□□門街西邊寺，錄講《大雲經》。陛下自出己分錢，抄寫大□□。

筆者據史籍補訂：

仍 朱 雀 門街西邊寺
抄寫大 云 經

並考「朱雀門街西邊寺」，應指「大云寺」。從而表明該文應是作於武則天登基後重視《大雲經》，在全國各州縣建大云寺時。而到唐玄宗開元二十二年初置「十道採訪處置使」後，此篇變文尚在民間流傳，有人講唱，故又將以新出現的，當亦為世人所尊重之銜名，加在崔子玉

的頭上。[6]這也足證前引施蟄存先生所論及「一個能創造故事（話）的
藝人的『講稿』，以備隨時修改」的論斷是正確的。

　　此類例證尚多，不一一列舉。

四、因「與時俱進」而改寫之例

　　在敦煌藏經洞中發現的兩種寫本之《燕子賦》，無論是文藝價值還
是史學價值，都是引人注目的。兩種寫本之《燕子賦》，俱以「雀占燕
巢」為創作題材，俱用「擬人化」的創作方法。且就故事情節的發展
而言，其基本線索、情節發展及結局，也是大約相同的。由於創作者
生活在唐代，雖然不悉制度，但直接統治其身的制度卻又不可能不熟
悉知曉，因為那些有關「編戶齊民」嚴格控制、管理與懲治的法規，
正是專制中央集權下的緊身咒。

　　因此作者把「候鳥」燕子比為「浮逃戶」，以「留鳥」雀兒比作具
有「編戶齊民」身分的在「籍」之民。「雀兒」見「浮逃戶」身分的「燕
子」辛苦造得一宅，故先以「括客」恐嚇「燕子」，繼而以武力奪得。

　　「燕子」遂向百鳥之王鳳凰申訴，經訊問判斷，舍宅斷還燕子。但
在若干重要情節的變化與描寫之中，兩種寫本又有大不相同之處，甚
至某些在我們今天看來極為重要的部分，在甲種本中作如是的描寫，
而在乙種本中，卻又作了迥異的改寫。

　　筆者就兩種寫本，將若幹部分加以對比，看出其差異，結合《唐

6　朱雷《〈伍子胥變文〉、〈漢將王陵變〉》辨疑——讀敦煌變文札記（一）》，第 19-24
　頁。

會要》、兩《唐書》、《全唐文》等典籍，並結合敦煌吐魯番文書，考定甲種本寫在武周聖曆元年（698），即證聖元年（695）李嶠提出搜括「浮逃戶」的方法之後。而乙種寫本，則是作於唐玄宗開元九年（721）至十二年（724），用宇文融之搜括處置「浮逃戶」的建議之後。

「浮逃戶」的出現與地域、規模之擴大，不僅造成國家直接控制的「編戶齊民」減少，以致影響國家賦稅收入，並使兵源枯竭，而且一旦「浮逃戶」成為「光火大賊」，還會影響社會穩定，最終都會危及封建國家的統治。

李嶠、宇文融的建議被武則天、唐玄宗接受，並以法令形式頒布實行，都會對社會產生重大影響。甲種寫本《燕子賦》中的有關描寫，反映了當時對「浮逃戶」的處置方式。但到玄宗開元時期「浮逃戶」問題又在新形勢下成為社會重大經濟政治問題，宇文融根據當時形勢，也考慮了武周聖曆括戶的情況，提出了新舉措。如果講唱者還照甲種寫本講唱，自然不為世人所喜。故在保留甲種本的描寫手法、主要情節的前提下，作了適應新形勢的改寫。

從歷史角度去考察，不僅解決了寫本創作年代的問題，闡明了改定的歷史背景，同時對一些可說是「關鍵」之字的理解，亦可避免單從文字角度去考察。如燕子云「我得永年福」之「福」，據宇文融之建議及《唐會要》所記開元十六年十月敕所記，「福」字應正作「復」，「永年福」即「永年優復」。

在所有講唱文藝之中，僅此兩件保存了改寫的實物。它們不僅有重大文學價值，而且從歷史角度去考察，解決了許多本身存在的謎團，對歷史研究也提供了重要的資料。

五、於怪誕之作中見真情之例

　　《廬山遠公話》一篇，最為怪誕。劉銘恕先生在《敦煌遺書總目》中，既已引元人之說，指出「遠公七狂」出於偽作的《蓮宗寶鑑》，周紹良先生更有詳考。但如果從歷史的角度去考察，《廬山遠公話》中所云，大都有據。

　　如「話」中之「廬山遠公」，實是孤明先發，首倡「一闡提人皆可成佛」而又上過廬山的竺道生，主淨土、結蓮社的身居廬山的惠（或作慧）遠，以及立「涅槃宗」的小遠（隋高僧慧遠）。「話」中反映了「涅槃」、「天台」二宗之創立年代。儘管今天我們所見的文書後有開寶五年（972）題記，足證此時尚有人抄錄，以供講唱，但其中似並無禪宗明顯之的證。而遠公之被擄掠下廬山，後又賣到東都，是因「壽州賊白莊」上廬山擄掠之故。考史東晉末盧循曾上廬山見遠公，但絲毫無擄掠之事。這個「壽州賊」，筆者考為唐末本為壽州屠戶的王潮，後為光州刺史。因與秦宗權交惡，遂挾兵南下過江入閩，有途經江州之事。故此我們從歷史（包括佛教史）的角度來考察，就可以從本據僧徒荒誕不稽之「遠公七狂」偽作，復加生吞活剝、張冠李戴之作中，看到它的真實價值。

　　此雖僅列一例，但不少講唱作品中，皆有所類。

　　綜上所述，我們可以看到，作為多學科的、多視角的綜合考察，研究敦煌藏經洞發現的這批民間文藝瑰寶的重要性。而從歷史角度的考察，「以史證文」、「文史互證」，自能更加有力地、全面地發現和利用這批瑰寶，從而各學科皆可得到「互補」、「互利」的結果。

（原載項楚、鄭阿財主編：《新世紀敦煌學論集》，巴蜀書社 2003 年版）

敦煌寫本《廬山遠公話》中之惠遠緣起及《涅槃經》之信仰

　　在敦煌藏經洞中所出唐五代寫本民間講唱文藝作品之中，《廬山遠公話》無疑是最為怪誕之作。先是劉銘恕先生在《敦煌遺書總目》中，即已指出其偽作惠遠事蹟，後二十餘年，周紹良先生《〈廬山遠公話〉與〈廬山蓮宗寶鑑〉之關係》一文，更有詳考，論及其偽作之淵源關係。二位前輩以其淵博之修養、精湛之考據功力，所作結論，當為可信。

　　作為當時民間講唱文藝作品之「底本」作者，以其於佛學、文學等方面之修養而言，皆非上乘，復因其所針對聽眾對象之需要，更因要「徒以悅俗邀布施」，必蔓生枝節，甚至「插科打諢」。猶如《高力士外傳》中所言及幽閉中的唐明皇，每日「親看掃除庭院……或講經論議、轉變說話，雖不近文律，終冀悅聖（指明皇）情」。從而表明，只有「不近文律」，方能終達「悅聖」之目的。

　　這裡的「不近文律」，除了指明其作品的文學性不足外，更其重要在於作者「隨心所欲」的創作手法，也即「真真假假」，往往甚或「假」

多於「真」。前言之「插科打諢」，即是借用戲劇表演中，從講唱之聲調及動作，引得聽眾「笑口一齊開」。

這裡的「假」，也即「不近文律」，有違史實，但卻又是有真實作為基礎。以這篇《廬山遠公話》而言，如果從佛學史角度切入去考察，卻又是「假」中有「真」之作。同時，雖然這篇講佛學，而「俗講者不能演空有之義，徒以悅俗邀布施而已」之作，卻又說出了江南佛教理論之創見與發展。

這篇俗講之「話本」中之主人公惠遠，是指釋道安的受缽弟子惠遠，其中一些記載，亦見於《高僧傳》中之本傳。諸如惠遠如廬山等，但卻不見有惠遠將一部《涅槃經》來往廬山修道之事，更不見惠遠為是經作疏抄之事，更不見其有說「一闡提人皆能成佛」。

考法顯於西天取經回，於建康譯出六卷本之《泥洹經》，然法顯所將回之是經，非足本也。而能「徹悟言外」、大明涅槃理趣的竺道生，能於大本未傳時，「剖析經理，洞入幽微，乃說阿闡提人，皆得成佛」，可真謂是「孤明先發」。而守舊諸僧，囿於六卷本《泥洹經》中並無此話，「以為邪說……遂顯大眾，擯而遣之」。道生被迫離建康，先投吳之虎丘山，遂有「生公說法石點頭」之傳說，後又復入廬山。及至大本之傳入建康，果稱闡提悉有佛性，與生公前說合若符契。生公「既獲此經，尋即講說……德音復發……穹理盡妙，觀聽之眾，莫不悟悅」。生公與舊學諸僧所爭論之佛性說，即《涅槃經》之中心論旨：立善不報者，始有真正之善；凡人皆有佛性，此為《涅槃經》之本旨；頓悟成佛。

正因竺道生之昌明其學，適應了當時江南的社會諸階級、階層之需要，遂能使佛教之影響更為廣闊。作為門閥世族，官僚王公在世之日，皆能過著腐化生活，作惡多端，不持五戒，不修十善，業已墮入

「一闡提人」之列，亦可成佛。而作為勞苦大眾，雖因窮苦，難持「五戒」，難修「十善」，亦能成佛。佛教天國之門大開，至是信徒更廣。這一點，在遠公賣身為崔相國奴、入大福光寺與僧道安辯論涅槃要義時，提出「既言我佛慈悲為體，如何不度闡提眾生？」即是上義。

但竺道生雖「大明涅槃理趣」，首倡「一闡提人皆能成佛」，卻不見其有為是經作疏之記載。而最早見為《涅槃經》作疏者，乃隋淨影寺僧慧遠，人稱之為「小遠」者也，見於《續高僧傳》卷八《義解篇四·釋慧遠傳》，曾作《涅槃疏》十捲。本傳又記：「本住清化，祖習《涅槃》，寺眾百餘，領徒者三十，並大唐之稱首也……又自云初作《涅槃疏》訖，未敢依講，發願乞相，夢見自手造塑七佛八菩薩像，形並端峙，還自繪飾。所畫既竟，像皆次第起行。末後一像，彩畫將了，旁有一人，來從索筆，代遠成之。覺後思日，此相有流末世之境也。乃廣開敷之信如夢矣。」由此可見，為《涅槃疏》作疏者，實為隋之小遠，而非晉宋之際之大遠。

由上觀之，「話」本中惠遠之原形來源，實有三人：釋道安之受缽弟子，雁門婁煩人，居於廬山，為南方道俗之魁斗的惠遠；釋道安之同學竺法汰之一名弟子，以大明涅槃理趣、首倡「一闡提人皆能成佛」而在佛教史上興起壯闊波浪，成為一代宗師的鉅鹿人竺道生；本敦煌人，俗姓李，後居上黨之高都的慧遠，即人稱之為「小遠」者，著有《涅槃經疏》者也。三名高僧中，唯竺道生首倡「一闡提人皆能成佛」，大明涅槃理趣，並兩度前往廬山。「小遠」雖為《涅槃經》作疏，但卻未嘗入廬山。但因廬山是惠遠及竺道生皆修行之聖地，小遠雖未廬阜，卻因作疏之故，因而「俗講」之人因《涅槃經》之傳播，並因如前所云，為各階級階層人之信仰，為此就將三者糅合，也即是為《廬山遠公話》中之惠遠和尚之緣起也。

（原載劉進寶、高田時雄主編：《轉型期的敦煌學》，上海古籍出版社 2007 年版）

《伍子胥變文》、《漢將王陵變》辨疑

——讀敦煌變文札記（一）

　　敦煌變文本採民間傳說，或以佛典、史傳故事為題材，經多年流傳，復由文人加工潤色而成。其間雖或存有子虛烏有之處，但作者總是把當時社會風俗及現行各種制度，有意無意間糅滲於自己的作品之中，使得這種以神話、傳說歷史人物為題材的變文，又帶有濃厚的時代特色。以伍子胥、王陵這種歷史人物為題材的變文，就在許多故事情節的描述中，把大量唐代制度糅滲進去了。如《伍子胥變文》中，當述及伍子胥在吳召募兵人伐楚，募得精兵後，「賞排（緋）借綠」，及攻滅楚國後，「酬功給效：中有先鋒猛將，賞緋各賜金魚……自余戰卒，各悉酬柱國之勳」[1]，這些制度都是唐代所行用的，但作者在創作過程中，搬進以春秋史傳為題材的變文中了。又如《漢將王陵變》，以楚漢相爭時的人物故事為題材，其中述及楚霸王派鐘離末捉得王陵之

1　本文所引敦煌諸篇變文，主要依靠周紹良編《敦煌變文匯錄》，王重民等編《敦煌變文集》（上冊），但引用時，均與縮微膠卷校對過。凡文中所引變文，只在此處作注，其餘均依此，故不再作注。

母后，「髡髮齊眉……兼帶鐵鉗」，此種髡鉗之制，仍是秦、漢時所施行。但述及王陵及灌嬰之官銜時，寫作一為「左先鋒兵馬使兼御史大夫」，一為「右先鋒兵馬使兼御史大夫」。兵馬使，以及武將加憲銜，皆唐代之制度。[2]

對於變文中所記載的這些制度進行考察，不僅有利於對此篇變文寫作年代的考察，同時還可使我們瞭解唐代諸種制度實施情況，並對史籍記載的缺略，作有益的補充。往往對某些制度的考察，還有利於對變文本身的理解。筆者的讀敦煌變文札記，就是這方面的嘗試。

勒鋪交橫

按：《伍子胥變文》記伍子胥逃亡過程中，從漁人之說，走投吳國，途中：

> 北跨廣陵，南登吳會，關、津急切，州、縣嚴加，勒鋪交橫，鎮代相續。

此處所云「勒鋪交橫」之「鋪」，若從字面上理解，釋為「捕」字，作動詞用，在句中似亦可解。但若參照整段文字所述，有關、津、州、縣、鎮等機構名稱，則此處之「鋪」，亦應是各級行政組織及關防機構中的一級單位。根據文獻記載，作為「鋪」，有屬邊境地區烽鋪系統中

2　關於兵馬使，可參嚴耕望《唐史研究叢稿》第三篇《唐代方鎮使府僚佐考》，新亞研究所 1969 年版。

的「馬鋪」[3]，有屬行軍系統的「更鋪」[4]，有屬郵驛系統的「遞鋪」[5]。此外，還有一種設置在城內街坊及傍城的「鋪」。本文中所涉及的「鋪」，則應是屬於後一種。

據《唐律疏議》卷八《衛禁律》「宮內外行夜不覺犯法」條疏議曰：

宮內外行夜，並置鋪、持更，即是「守衛者」。

同書同卷，「諸於宮城門外，若皇城門守衛，以非應守衛人冒名自代及代之者」條疏議曰：

謂宮城外隊仗，及傍城助鋪所。

同書同卷，「諸越州、鎮、戍、城及武庫垣」條疏議曰：

又依監門式：「京城每夕分街立鋪，持更行夜。鼓聲絕，則禁人行；曉鼓聲動，即聽行。若公使齎文牒者，聽。其有婚嫁，亦聽。」注云：「須得縣牒。喪、病須相告赴，求訪醫藥，齎本坊文牒者，亦聽。」其應聽行者，並得為開坊、市門。

由此可見，唐代規定在宮城旁及京城之內的坊、市，分街區，皆置有「鋪」。其任務是「持更行夜」，守閉坊及市的大門，盤問夜間過往行人，也就是執行宵禁任務。這種形式的機構，直到宋代的東京汴梁，

3　《通典》卷一五七《兵十》；李筌：《太白陰經》。

4　《通典》卷一五七《兵十》；李筌：《太白陰經》。

5　《太平廣記》卷二二〇《醫六》引《稽神錄》陳寬條，中華書局 1961 年版。

還相沿襲。據宋人孟元老的記載，北宋都城汴梁內：

> 每坊巷三百步許，有軍巡鋪屋一所，鋪兵五人，夜間巡警，收領
> 公事。[6]

宋汴梁之「鋪」，一如唐《監門式》之制度。

但是，唐代的「鋪」，並非僅宮城旁，及京城街坊內才設置，根據
《唐律疏議》卷八《衛禁律》「其在諸處守當者」條疏議云：

> 「其在諸處」，謂非皇城、京城等門，自余內外捉道守鋪及別守當
> 之處。

從而表明京城以外，亦有「鋪」的設置。又據《唐六典》記載，唐代
的「關」分三等，上關置「典事」六人，中關置「典事」四人，下關
置「典事」二人。而「典事」的職掌則是：

> 掌巡劃鋪及雜當。[7]

由此可見，「鋪」是作為「關」的下屬「守當」機構，由關令屬下的「典
事」執掌。而關令的職責是：

6　鄧之誠註：《東京夢華錄》，中華書局 1982 年版。

7　《大唐六典》卷三〇「關令」條，廣池學園本。《新唐書》卷四九下作「掌巡薙及雜
　　當」。

掌禁未游，伺奸慝。凡行人車馬，出入往來，必據過所以勘之。[8]

根據這個記載，這種置於全國各地「關」的下屬守當機構——「鋪」，較之設於京城內執行「宵禁」任務的「鋪」，所執行的任務可能更廣泛些。

變文中所述春秋時期的伍子胥在逃亡過程中，受到楚王的通緝：

楚王出敕，遂捉子胥處若為？敕曰：「……唯有子胥逃逝，目下未獲。如能捉獲送身，賞金千斤，封邑萬戶。隱藏之者，法有常刑：先斬一身，然〔後〕誅九族；所由寬縱，解任科微（征）。盡日奏聞，固（錮）身送上。」敕既行下，水楔（洩）不通。州縣相知，牓標道路。村坊搜括，誰敢隱藏？

作者在描述整個逃亡過程中，有意無意把自己最熟知的年代——唐代軍政關防機構都列入作品之中，因而唐代的「鋪」也就出現在以春秋時代的史傳為題材的變文中了。

虞候長巡

按《伍子胥變文》中述伍子胥統吳兵伐楚，進軍途中，快入楚境時：

子胥告令軍兵：大須存心捉溺（搦）。此是平王之境，未曾諳悉山

8　《大唐六典》卷三〇「關令」條。

川險隘，先登致遠：虞候長巡⋯⋯

關於虞候之制，嚴耕望先生已有考證。嚴先生在考證唐代方鎮府史之武職軍將時，指出虞候之職，「皆不出常袞所謂，『職在刺奸，威屬整旅』之範圍」[9]。虞候在軍中之地位與作用的變化，從北齊、北周均分別置有「虞候大都督」，丞相府帳內虞候大都督[10]，到《水滸傳》中幫閑的小人陸謙亦稱「陸虞候」，是一個複雜的問題。這裡僅就「長巡」二字，從行軍角度去考察。

史載西魏大統初年，宇文泰之任用韓果即因其人：

性強記，兼有權略。所行之處，山川形勢，備能記憶。兼善伺敵虛實，揣知情狀。有潛匿溪谷，欲為間偵者，果登高望之，所疑處，往必有獲。太祖由是以果為虞候都督。每從征行，常領候騎，晝夜巡察，略不眠寢。[11]

韓果由於具有記憶力強，善於觀察地形，偵察敵情，判斷敵軍動向的優點，故被宇文泰用充虞候都督，在行軍作戰過程中，執行晝夜警戒巡邏的任務。

在唐代，則有更為具體的記載。李荃《太白陰經》第二十八《陣將篇》云：

二人虞候，擒奸摘伏，深覘非常，伺查動靜，飛符走檄。安忍好

9　嚴耕望：《唐史研究叢稿》第三篇《唐代方鎮使府僚佐考》。

10　王仲犖：《北週六典》卷一《大丞相第六》，中華書局 1979 年版。

11　《周書》卷二七《韓果傳》，中華書局 1971 年版。

殺，事任唯時者任。

按此處「深」當為「探」之誤。如是，則「探覘」宜正作「覘探」。在唐代，「覘探」就是在邊境配合烽鋪、游奕等，執行偵防任務。李荃書中不僅記載了虞候的職掌，而且表明了什麼樣的人才才能充當。根據《李衛公兵法》：

> 諸軍營隊伍，每夜分更，令人巡探……當軍折衝、果毅，並押鋪宿，盡更巡探，遞相分付；虞候及中軍官人，通探都巡。[12]

這裡講的是夜間軍中巡夜之制，虞候任務是「通探都巡」，李荃書第五十二《夜號更刻篇》對此作了詳載：

> 夜取號於大將軍處……每日戌時，虞候、判官持簿于大將軍幕前取號……于將軍前封鎖，函付諸號，各到彼巡檢所，主首以本鑰匙開函告報，不得令有漏洩。

同書第五十一《定鋪篇》云：

> 每日戌時嚴警，鼓角初動，虞候領甲士十二隊，建旗幟、立號頭，巡軍營及城上；如在野，巡營外。定更鋪疏密，坐者喝曰：「是什麼人？」巡者答曰：「虞候總管某乙巡。」坐喝曰：「作甚行？」答曰：「定鋪」。坐喝曰：「是不是？」行答曰：「是。」如此者三喝三答，坐

12　《通典》卷一五七《兵十》「下營」條引。

曰：「虞候總管過。」

有關「號」，以及巡營時「號頭」與守「鋪」者「問」與「答」制度，
俟後《漢將王陵變》釋「號」中再作考察。這裡表明每夜軍營之
「號」——口令，由虞候從大將軍處領得後，密封發給有關主管人員，
每夜虞候尚必帶隊巡查軍營內外，任務大約不外是內查「更鋪失候，
犯夜失號，擅宿他人者」[13]，外防敵軍偷營。次日，還需向統軍將領稟
報結果，稱之為「報平安」。李荃書第四十九《報平安篇》云：

　　報平安者，諸營、鋪百司主掌者皆入，五更有動靜，報虞候知。
左右虞候早出大將軍牙前，帶刀磬折，大聲通曰：「左右廂兵及倉庫、
營並平安。」諾，復退本班。如有盜賊，動靜緊急，即具言其事。若在
野行軍，即具言行營兵馬及更鋪並平安。

變文中述及伍子胥領兵伐楚，進入楚國境內，一則「山川險隘」不瞭
解，再則又恐楚軍偷營，其加強防範的措施，首先就是「虞候長巡」，
如前引宇文泰之用韓果。

子將絞略

　　唐制，子將在軍中「分掌軍務」。[14]《唐令》云：

13　《通典》卷一四九《兵九》「雜教令」。
14　《通典》卷一四八《兵一》「令制」條。

（每軍）子將八人，資其分行陣，辯金鼓及部署。[15]

李荃書第二十七《將軍篇》云：

八人子將，明行陣、辨金革、曉部署者任。

同書第二十八《陣將篇》云：

四人子將，目明旌旗、耳察金鼓、心存號令、宣布威德者任。

同書第四十八《游奕地聽篇》云：

其副使、子將，並久諳軍旅、好身手者任。

上引材料中，李荃書中所載子將員數就有不同，此處暫不論及。僅就記載可見子將在軍隊中的重要地位，故必須有豐富的作戰經驗、懂兵法、會佈陣的人充當，其地位頗類後世之參謀長。

「絞」字當正作「較」字，「較略」即比較方略。唐符載《上巳日陪劉尚書宴集北池序》云：「獻奇較藝，鈎索勝負」[16]，是指水上比賽技藝，以決勝負而言。此處「子將較略」，則當指伍子胥兵入楚境，將要與楚兵決勝負前夕，子將商討戰勝敵人的作戰計劃。

橫行傔奏

「傔」指「傔人」，「奏」指「別奏」，俱是唐代軍將之隨從人員。唐制規定：

凡諸軍鎮大使、副使已上（按：據《舊唐書》職官志，應正作「下」），皆有傔人、別奏，以為之使。大使三品已上，傔二十五人，

15　《資治通鑑》卷二一一「玄宗開元四年六月癸酉」條胡注引《唐令》，中華書局 1964 年版。又《通典》卷一四八《兵一》「令制」附，所記與此同。

16　《文苑英華》卷七一一《序十三‧游宴四》。

別奏十人……副使三品已上，傔二十人、別奏八人。總管三品已上，傔十八人，別奏六人……子總管四品以上，傔十一人，別奏三人。若討擊、防禦、游奕使，副使，傔准品名減三人，別奏各減二人。總管及子總管，傔准品各減二人，別奏各減一人。[17]

按李荃《太白陰經》所記諸軍鎮將領傔、奏數與上所記有所不同，且所列應配有傔、奏之軍將亦較上為多。但此處不在於考察異同，而僅就「橫行」二字去作考察。

按《大唐六典》云：

傔、奏皆令自招。

李荃《太白陰經》記充傔人、別奏的條件是：

忠勇驍果，孝義有藝能者任。

作為「傔」、「奏」，充當軍將的隨從，既是供其驅使，用為保衛，同時由於是按職事官品的高低配給，故軍將出巡時，隨從之「傔」、「奏」數的多寡，也反映了軍將本身地位的高低。唐高仙芝任都知兵馬使時：

每出軍，奏、傔從三十餘人，衣服鮮明。

17　《大唐六典》卷五「兵部郎中」條，又見《舊唐書》卷四三《職官志》。

封常清曾投牒高仙芝，願充高的傔人，但因封本人「細瘦目纇，腳短而跛，仙芝見其貌寢，不納」[18]。由於封醜陋，又有殘疾，若充其傔人，隨之出巡時，當然有損高的威儀。

由於傔人、別奏長期跟隨主人作戰，保衛主人，故極易為主人所提拔，如王君㚟，曾為郭知運別奏，以「驍勇善騎射」而得授官，後至河西隴右節度使。[19]又如魯炅，曾為隴右節度使哥舒翰之別奏，哥舒翰曾在宴席上指著魯說：「此人後當為節度使。」其後果然。[20]封常清之所以要投充高仙芝的傔人，當然不是為了「衣服鮮明」，而是要以「充傔」作為晉升的階梯，以改變其孤貧的地位。

「橫行」二字，司馬相如《上林賦》云：

扈從橫行，出乎四校之中。

顏師古注云：

四校者，闌校之四面也。言其跋扈縱恣而行，出于校之四外也。[21]

王先謙補注云：

扈從，從駕而緩行……橫行謂軍士分校，就列天子周回，按部不由中道行而旁出。[22]

18　《舊唐書》卷一〇四《封常清傳》，《新唐書》本傳同。

19　《舊唐書》卷一〇三《王君㚟傳》，《新唐書》本傳同。

20　《舊唐書》卷一一四《魯炅傳》，《新唐書》本傳同。

21　《漢書》卷五七上《司馬相如傳》「上林賦」顏注。

22　王先謙：《漢書補注》卷五七上《司馬相如傳》「上林賦」王補注。

作為漢天子的出巡，「扈從橫行」句似應按王說為是。但顏師古的解釋，應是反映了唐代人的理解。作為由軍將親自挑選的「傔人」和「別奏」，他們既因軍將的寵愛而衣著華麗，又因軍將的提拔，往往由此當上大官，故而在他們隨從主人出行時，個個也就流露出「跋扈縱恣」的「橫行」神態。同時，此處「橫行傔、奏」句也是同下句「偷路而行遊奕」，作對比的文學描寫手法。

偷路而行遊奕

「游奕」二字，本亦可作動詞之用，如《南史》卷六七《樊毅傳附弟猛傳》載隋滅陳，大軍濟江：

> 時猛與左衛將軍蔣元遜，領青龍八十艘為水軍，于白下游奕，以御隋六合兵。

此處「游奕」二字實含「巡邏」之意，也是為了偵察敵情。在唐代，「游奕」亦是一種武職，有「游奕使」。在邊境地區，有與烽、鋪等邊防設施相配合的「游奕」。在行軍作戰部隊中，亦有專司偵察、捉俘的「游奕」。此處僅就行軍時配置的游奕之「偷路而行」作一些考察。

行軍作戰，必須瞭解敵境山川道路，軍隊分布，所謂「知彼」即是。伍子胥伐楚，既已入楚境，還是「未曾諳悉山川險隘」，當然更不知楚軍駐防情況，故必須派出偵察人員。《破魔變文》記魔王與如來佛鬥法：

> 于是魔王擊一口金鐘，集百萬之徒黨。〔當時〕差馬頭羅剎哲為游

奕將軍。

又《百鳥名》記鳳凰「排備儀仗」：

　　鷂子為游奕將軍。

魔王要同如來佛鬥法，首先就派人身馬頭的地獄鬼卒為游奕將軍。鷂子是一種凶猛驍捷的禽鳥，所謂「鷂子經天飛，群雀兩向波」[23]。因而鳳凰看定了這特點，任其為游奕將軍。這些民間傳說和神話，經過文人加工，也都糅進了人世間的兵法和制度。

　　關於行軍作戰中游奕的派遣和使用，據李荃《太白陰經》第五十八《釁鼓篇》云：

　　軍臨敵境，使游奕捉敵一人，立於大纛之前……乃腰斬之……取血以釁鼓鼙、大纛……六軍從之而往出勝敵，亦名祭敵。

這裡所云「釁鼓」，本是迷信之舉，但都要派「游奕」去活捉敵人以供使用。《通典》記載行軍中，關於游奕的派遣和使用，更其詳盡，其引李衛公兵法云：

　　諸軍營下定，每營夜別置外探。每營折衝、果毅相知作次，每夜面別四人，各領五騎馬，於營四面，去營十里外游奕，以備非常。如

23　《樂府詩集》卷二五《企喻歌辭曲》。

有警急，奔馳報軍。[24]

這裡講的「外探」，就是指「游奕」。《通典》引李衛公兵法云：

　　其游奕馬騎，晝日遊奕候視，至暮速作食，吃訖，即移十里外止宿，慮防賊徒暮間見煙火，夜深掩襲捉將。其賊路左右草中，著人止宿，以聽賊徒。

由上所引資料，可以看出在行軍駐營時，派出遊奕，偵察敵情，捕捉俘虜。尤其夜間，要埋伏在要道旁草中，以防敵人偷營。關於駐營後派出遊奕，以及偷營事，《漢將王陵變》中有較生動的描寫，今引如下：

　　王陵謂灌嬰曰：「此雙後分天下之日，南去漢營二十里，北去項羽營二十里。」王陵又謂曰：「左將丁腰，右將雍氏，各領馬軍一百餘騎，且在深草潛藏。」丁腰謂雍氏曰：「斷於漢將此處，敢為巡營。」二將聽得此事，放過楚軍……

漢將王陵、灌嬰去夜襲楚營，楚霸王已派丁腰、雍氏充當游奕，但他們埋伏在路旁深草中已被王陵等探知。大約王陵也有前引《韓果傳》中所云韓果那種料敵如神的本領，看出楚軍潛藏地點，又有意放過楚軍游奕部隊，不去攻擊，即所謂「放過楚軍」。楚軍游奕部隊因暴露埋伏地點，沒有盡到職責。霸王責之曰：「遣卿權知南遊奕，何不存心覺

24　《通典》卷一五七《兵十》「下營」。

察？」故被偷營，損失慘重。「二十萬人總著刀箭，五萬人當夜身死。」
游奕是執行巡邏偵察，或是埋伏偵察，捕捉敵俘，這些行動又往往需
要深入敵境，脫離自己的大部隊，行動極為謹慎、保密，故而稱之為
「偷路而行遊奕」。

在 S.0328 號文書中，有關這段原文的抄錄形式如下：

1.至曉即至江西　子胥告令軍兵　大須存心捉搦　此是平王之境
未曾諳悉
2.山川　險隘先登　遠致虞候　長巡子將　絞略橫行　傔奏偷路而
行
3.游奕經余一月　行逞（程）向盡（下略）

如果按照這個抄錄形式斷句，凡空格處即斷開如下：

未曾諳悉山川，險隘先登，遠致虞候，長巡子將，絞略橫行，傔
奏偷路而行。游奕經余一月，行程向盡。

則此段話幾不可解，如果我們按照唐代的行軍制度，而不考慮空格，
就應作如下的斷句：

未曾諳悉山川險隘，先登遠致：虞候長巡，子將絞（較）略，橫
行傔、奏，偷路而行遊奕。經余一月，行逞（程）向盡。

變文的抄錄，並不如佛、道經典的抄錄那樣，有一套完整的抄
錄、校對制度，甚至還比不上儒家經典的抄寫。因此，還要從變文本

身以及種種制度去考察，才能找到一種比較符合原意的斷句方式。

<h2 style="text-align:center">軍號、號</h2>

按：《漢將王陵變》述及漢軍擬夜襲楚營，行前王陵語灌嬰曰：

陵語大夫今夜出，楚家軍號總須翻。

又，變文中述及楚將季布奉霸王令巡營：

中軍家三十將士，各執闊刃蕘（陌）刀，當時便喝……既是巡營，有號也無？

按此：「軍號」、「號」，即今軍隊中之「號令」。因是夜間行用，故亦稱「夜號」，其制仍見於唐代兵書之中。

李荃《太白陰經》第五十二《夜號更刻篇》云：

夜取號於大將軍處，黏藤紙二十四張，張十五行。界印縫，安標軸。題首云：某軍每年每月某日號簿。每日戌時，虞候、判官持簿于大將軍幕前取號。大將軍取意于一行中書兩字，上一字是坐喝，下一字是行答，於將軍前封鎖，函付諸號。各到彼巡檢所，主者以本鑰匙開函告報，不得令有漏洩。一夜書一行，二十四張三百六十行。盡一載，別更其保。

李荃書中，詳盡記載了有關軍中號令的制度，每夜均有新的號令。每

天戌時（即十九時至二十一時），軍營中開始戒嚴。李衛公兵法云：

> 諸軍營隊伍，每夜分更，令人巡探。人不得高聲唱號，行者敲弓
> 一下，坐者扣矟三下，方擲軍號，以相應會……擲號錯失，便即決
> 罰。當軍折衝、果毅，並押鋪宿，盡更巡探，遞相分付；虞候及中軍
> 官人，通探都巡。[25]

由於「軍號」是夜間行用，戌時開始軍中警嚴，即刻用號，因此楚將
鐘離末說：「何期王陵生無賴，暗聽點漏至三更。」三更已到亥時，正
因要防止敵人偷聽竊號，所以又規定「不得高聲唱號」，故當季布巡
營，遇見「中軍營人」──「中軍家三十將士」被責問：

> 「既是巡營，有號也無？」季布答曰：「有號，外示得？」中軍家
> 將士答：「里示。」

這裡季布反問「外示得？」我的理解，就是指「不得高聲唱號」，以防
敵人竊聽更號，故中軍家將士答云：「里示。」
　　變文中，在「里示」句下寫作「合」，就應當指季布所答軍號與中
軍家將士所問「相應合」，故將「拒馬門」搬開，放季布帶將士出外巡
營。因此，此處應改作：

> 季布答曰：「有號，外示得？」中軍家將士答：「里示！」合。懼
> （拒）馬門闊（霍）地開來，放出大軍。

25　《通典》卷一五七《兵十》「下營」。

　　附志：本文中引用李荃《神機制敵太白陰經》，系據本室孫繼民同仁手自校點叢書集成本，今謹志謝於此。

　　（原載《魏晉南北朝隋唐史資料》第七輯，武漢大學出版社 1985年版）

《捉季布傳文》、《廬山遠公話》、《董永變文》諸篇辨疑

——讀敦煌變文札記（二）

「兩家圖一保」即「五家團一保」

按《捉季布傳文》中，記漢高祖因屢次搜捕亡楚故將季布不獲，遂又再下敕搜捉，云：

白土拂牆交畫影，丹青畫影更邀真。所在兩家圖一保，察有知無具狀申⋯⋯察貌勘名擒捉得，賞金賜玉拜官新。藏隱一湌停一宿，滅族誅家斬六親。[1]

該變文集《傳文》校錄者王重民先生於該條之「圖」字下作注，

1　《敦煌變文集》上集卷一，人民文學出版社 1984 年版。以下凡引本書處，一般不再一一作注。

云：

己卷（按：即 S.2056）「圕」作「圔」，庚、辛兩卷（按即 S.5437，S.1441）作「團」。周云：當依庚、辛卷，作「團」。「團保」，唐人習語，謂互相保任，見《通鑑》唐穆宗長慶二年。

「圕保」，應正作「團保」，所見甚是。唐代的習俗，以及法令，把相同類的人合為一，即稱為「團」。如貌閱制度，貌定之時，又稱「團貌」[2]；官吏應選時，「諸色出身人」皆按制，各色人合為一「甲」上奏，稱作「團奏」[3]，或又稱為「團甲」[4]；成群之奴婢亦可稱「家人團」[5]。延及中唐以後之「團結兵」、「團練使」，皆本此意。

據唐代法令規定：

五家為保，保有長，以相禁約。[6]

諸戶皆以鄰聚相保，以相檢察，勿造非違。如有遠客來過宿，及保內之人，有所行詣，並語同保知。[7]

這裡講的是唐代的保任制度，也即五家「團一保」。前所引《通鑑》長慶二年，戶部侍郎張平叔為行食鹽官賣所上奏中，提及「檢察所在實

2　《唐會要》卷八五「團貌」條。

3　《唐會要》卷七五《選部下》「選限」條。

4　《大唐六典》卷二《尚書吏部》，廣池學園本。

5　《敦煌變文集》上集，卷二《廬山遠公話》。

6　《大唐六典》卷二《尚書吏部》，廣池學園本。

7　仁井田陞：《唐令拾遺》。

戶，據口團保」。該條胡注云：

> 團保者，團結戶口，使之互相保識。[8]

由上引可見「團保」之制，也即令五家相互監督。此處不欲詳考其制之淵源及其全部內容，僅就有關「遠客來過宿」句，結合傳文，作一考察。

根據唐律令所制定的日本律令，照抄唐製作：

> 凡戶皆五家相保，一人為長，以相檢查，勿造非違。如有遠客來過止宿，及保內人有所行詣，並語同保知。[9]

該條於「遠客來過止宿」句下注云：

> 遠客謂一日程外人也……此條大指，為防浮隱也……來過止宿，謂經一宿以上也。

這裡表明，日本所照錄的唐律該條文，目的是責令「五家相保」，為防「浮隱」。但凡有相距「一日程外」的「遠客」來訪，或要留宿外人一夜者，皆須向同保報告。因此，傳文內云令「團保」內「察有知無具狀申」，即令各「團保」都要報告有無「遠客來過宿」者。如發現「藏隱一飡停一宿」者，就要「滅族誅家斬六親」。這就是利用「五家相保」

8　《資治通鑑》卷二四二「穆宗長慶二年」條。

9　《令集解》卷九《戶令》，吉川弘文館本。

的「團保」制度來搜捕季布。

　　又，據上引唐制，「團保」皆為「五家相保」，尚不見有「兩家」一「團保」。按，漢代軍中，已實行「伍符」之制。[10]吐魯番所出唐代文書中，諸如買賣所立之「市券」、申請「過所」時所立保證書，乃至民間所立諸種私券中，凡涉及「保人」的，其數額皆限定要有五人作保。這類文書頗多，不一一舉出。

　　據上考，傳文中「兩家圃一保」，當應正作「五家團一保」。

「押良」即「壓良」

　　按《捉季布傳文》中，描述朱解被漢高祖差至齊地，搜捕「逆賊」季布。朱解至齊地後，並未將季布捉獲，相反卻中計將季布買作奴隸。傳文云：

　　朱解東齊為御史，歇息因行入市門。見一賤人長六尺，遍身肉色似煙勳（熏）。神迷鬼惑生心買……遂給價錢而買得，當時便遣涉風塵。季布得他相接引，擎鞭執帽不辭辛。朱解押良何所似，由（猶）如煙影嶺頭云。

這裡講的是朱解買奴的過程。按唐制規定，商業活動被限制在「市」內進行。「市」內的商品經營又按其性質，分為許多「行」。朱解入

10　《史記》卷一〇二《馮唐傳》。

「市」購奴，當入「口馬行」內。[11]據傳文所記，買奴契券尚是季布自己所書寫。凡此種種皆可證朱解買奴手續是符合唐代關於奴婢買賣之種種規定的，何以傳文作者云其「押良何所似」？

按「押良」二字，舊有釋作「相貌」，實誤，此處「押良」，即「壓良」，「壓」、「押」二字相通。在敦煌及吐魯番出土之買奴婢契券中，往往寫作「寒良」。據蔣禮鴻先生之考證，「寒良」之「寒」，即是「拔取」之意[12]，故「寒良」亦即「壓良」。

在唐代，固然還盛行蓄奴之風氣，存在著頻繁的奴婢買賣活動，在「市」內還有專門作奴婢（以及牲口）交易的「口馬行」。但另一方面，法律上對此種交易活動卻有著嚴格的規定，並且嚴格禁止使用欺騙（即所謂之「眩誘」），以及利用權勢及暴力威逼（即所謂之「壓良」）等手段，將良人掠賣作奴婢賤口。據唐律規定：

> 諸略人、略賣人，為奴婢者，絞；為部曲者，流三千里。
>
> 諸略賣期親以下卑幼為奴婢者，並同鬥毆殺法。
>
> 諸知略、和誘、和同相賣及略、和誘部曲奴婢而買之者，各減賣者罪一等。[13]
>
> 諸妄認良人為奴婢、部曲、妻妾、子孫者，以略人論減一等。妄認部曲者，又減一等。[14]

11　見拙作：《敦煌所出唐沙州某市時價簿口馬行時估考》，載唐長孺主編《敦煌吐魯番文書初探》，武漢大學出版社 1983 年版。

12　蔣禮鴻：《吐魯番出土唐契券字義考》，載《中國語文》1980 年二期。

13　《唐律疏議》卷二〇《賊盜律》。

14　《唐律疏議》卷二五《詐偽律》。

上引諸唐律本文，結合各條疏議，可知唐代嚴禁將良人壓為奴婢賤口。不僅如此，對那些已通過種種途徑獲釋為良人的奴婢、部曲，還壓為賤口的行徑，亦加禁止。據規定：

諸放部曲為良，已給放書，而壓為賤者，徒二年；若壓為部曲及放奴婢為良，而壓為賤者，各減一等；即壓為部曲，及放為部曲而壓為賤者，又各減一等。各還正之。[15]

這裡所規定的，是對「放賤從良」後，主人復壓為各類賤口的行為的種種處罰。不僅在法律上，就社會道德而言，「壓良為賤」也是受到譴責的。敦煌所出奴婢放良樣文中寫道：

吾聞從良放人，福山峭峻，壓良為賊，地獄深怨。[16]

為了防止「壓良為賤」，唐代還在奴婢買賣過程中，有一套嚴格的「過賤」制度。買賣時，除了買主交驗舊有契券外，還要詢問被賣奴婢本身是否賤口，即所謂「問口承賤」。最後，還要五個保人，保證不是「壓良為賤」。吐魯番所出《唐開元九年唐榮買婢市券》記載了唐榮在西州買婢時，「過賤」經過如下程序：

准狀勘責，問口承賤不虛。又責得保人石曹主等伍人款，保不是寒良詃誘等色者。[17]

15　《唐律疏議》卷一二《戶婚律》。

16　中國社會科學院歷史所編：《敦煌資料》第一輯，中華書局 1958 年版。

17　吐魯番阿斯塔那第 509 號墓出土，編號 73TAM509：8/12。

《傳文》中所記周氏賣奴時，稱云「緣是家生撫育恩」，即稱是「家生奴」，並誇稱該奴能文能武。而買奴契亦非請人代書，亦由「奴」自書，所謂「遂交書契驗虛真。典倉牒紙而吮筆，便呈字勢似崩雲。題姓署名似鳳舞，畫年著月象焉存。上下撒花波對當，行間鋪錦草和真。」朱解令其自書賣身契，雖是出於考究周氏所誇奴之文才，但自書賣身契，必然「承賤不虛」。朱解入「市」內「口馬行」買奴，奴舊主稱是賣「家生奴」，奴又自書「賣身契」，此皆與唐制相吻合，如何尚稱「朱解押良何所似」？

此皆因季布雖是亡楚舊將，只因「輔佐江東無道主，毀罵咸陽有道君」，故遭漢高祖之搜捕，四處逃匿。為了逃生，故設計：「兀（髡）發剪頭披短褐」，一幅奴婢賤人的髮型服飾；「假作家生一賤人」，冒充家奴生子；同時取了一個奴隸常用的名字——「典倉」。行此苦肉之計，故意讓朱解買去作奴。而朱解其人是「心粗闕武又虧文」，故而上當，以致「神迷鬼惑生心買」，誤將季布買作奴隸，故而《傳文》作者云：

朱解押良何所似？

下一句話是：

由（猶）如煙影嶺頭云。

也就是以寫景的手法，寓意朱解被季布、周氏二人所矇蔽，不知真相，以致買了一冒牌之「家生一賤人」為奴。

「羼提」即「闡提」之誤

　　《盧山遠公話》中記善慶（盧山運公）得崔相之允助，入東都福光寺內廳，與宣講《大涅槃經》之道安法師辯論《涅槃經》義。當道安法師「擬入經題」時，「其時善慶亦其堂內起來，高聲便喚，止住經題，……漸近前來，指云……未審所游，是何經文？為眾諸生，宣揚何法？誰家章疏，演唱真宗。欲委根元，乞垂請說。」道安法師怒而斥云：「汝見今身，且為下賤，如何即得自由佛法。……汝可不聞道外書言，堪與言即言，不堪與言失言。……不與你下愚之人解說。」這樣，更激怒了善慶（遠公），故而就《大般涅槃經》義責問道安法師：

　　再問：「我佛如來，以何為體？」道安答曰：「……我佛以慈悲為體。」善慶又問曰：「既言我佛慈悲為體，如何不度羼提眾生？」道安答曰：「汝緣不會，聽我說著。羼著眾生，緣自造惡業。譬如人家養一男，長大成人，竊盜于鄉黨之內，事既彰露，便被州縣捉入形（刑）獄，受他考（拷）楚。文案即成，招優（尤）怨罪，領上法場，看看是死。父母雖有恩慈，王法如何救得？我佛雖有慈悲，爭那佛力不以（似）他業力，如此之難為救度。」善曰（慶）問曰：「羼提眾生，雖造惡業，我佛慈悲，亦合救之。」

　　按：《盧山遠公話》一文，實是將東晉南朝及涅槃宗之數名高僧事蹟，集於「遠公」一身，詳考俟見另文。此處僅就《盧山遠公話》中所記，亦可見善慶提出的一個問題，實是佛教傳入中國後，在東晉南朝時期，「涅槃」佛性學說的產生與發展。當時佛教界爭論的一個重大問題是：在成佛這一點上，是否眾生平等。而提出這一問題的是說法能讓

石頭點頭的竺道生。道生所倡為「阿闡提」人皆有佛性。「阿闡提」或作「一闡提」、「闡提」，但非「羼提」。

按「羼提」，據慧琳解云：

> 羼提，上察限反，下丁以反。唐云忍辱，或云安忍。[18]

此為「六波羅密」之一，乃菩薩之大行。故辯論之中，善慶（遠公）以稱道安：

> 座主身披法服，常空真經，合興無量之心，其六波羅密行，發菩提心，利茲眾生，出于三界。

「六波羅密」之三云：

> 羼提波羅密，羼提譯曰忍辱，忍受一切有情罵辱、擊打等，及非情寒熱、飢渴等之大行也。[19]

即以忍受一切種種的政治經濟壓迫與剝削，忍受一切的災難困苦，逆來順受，決不生任何仇恨與反抗之心，以此方法，取得「成佛」。故而唐王朝尊敬佛教，謂之：

> 以布施、持戒、忍辱、精進、禪定、智惠為宗，所謂六波羅密者

18　慧琳：《一切經音義》卷一三，《大正藏》本。

19　智者：《法界次第》卷下之上，梵名出次條，《大正藏》本。

也。[20]

綜上所述，可知「羼提」為菩薩之大行。若是則何以具此大行之人，反不能成佛？且道安法師斥之為「羼提眾生，緣自造罪業」。善慶（遠公）亦曰「羼提眾生，雖造惡業」，均可見他們所辯論的是一種作「惡」多端的人能否成佛，故此處「羼提」必誤。《大涅槃經》中所講，為一切眾生，皆有佛性，如來常住，無有變易之教旨。竺道生據《涅槃經》義所倡導，乃云「阿闡提」人，皆能成佛。故知此處，誤將「阿闡提」、「一闡提」、「闡提」，誤作「羼提」。

《涅槃經》最早之譯本，乃東晉求法高僧法顯得自印度摩竭提國巴連弗邑。法顯歸國後，於晉義熙十三年（417）譯出，是為六卷本之《泥洹經》。[21]此經實為《大涅槃經》之前部，唯有十八品，經云除「一闡提」之外，皆有佛性。但道生法師剖析經義之義理，提出「闡提含生」，何得獨無佛性？認為此經「未盡耳」，仍倡導「阿闡提」人，皆有佛性，並得成佛。因而遭到那些食經不化的「舊學僧人」的攻擊，被斥為離經背道的邪說異端。在這一點上，竺道生比那些「舊學僧人」確實「高明」得多。因為他的唱導，適合於統治者的需要，使佛教更具有欺騙性。

竺道生受到攻擊後，於是「拂衣而逝」，遁入山中。

于是束身還入虎丘山，聚石為徒，講《涅槃經》。至闡提處，則說有佛性。且曰我所說，契佛心否？群石皆為點頭。[22]

20　《大唐六典》卷四「禮部郎中」條。
21　《出三藏記集》卷八，《大正藏》本。
22　《佛祖統記》卷二六、卷三六，《大正藏》本。

直至北涼曇無讖所譯《大般涅槃經》傳至建康，果稱「闡提」皆有佛性，與竺道生所倡導，「若合符契」。竺道生大為慰喜，即在廬山講說。

　　按：隋智者禪師所撰《法界次第》云：

　　一闡提者，斷滅一切諸善根本，不信因果，無有慚愧，不信業報，不見現在未來世，不親善友，不隨諸佛所說教戒，如是之人，名一闡提。諸佛世尊，所不能治。

由此可見，「一闡提」人為眾惡之首，故而《廬山遠公話》中，道安法師斥之「自造惡業」，「我佛雖有慈悲」，亦「難為救度」。故知此處所云「羼提」，實為「闡提」、「一闡提」、「阿闡提」之誤。

　　在《廬山遠公話》中，記遠公與道安法師的辯論，遠公提出「闡提」是否能成佛這一問題，除因是辯論《涅槃經》的經義中的核心外，當還與該文中，遠公是以家奴身分出現，而道安法師，「手把如意，身坐寶臺」，傲視遠公，聲稱「不與你下愚之人解說」，斥指遠公「似頑石安在水中，水體姓（性）本潤，頑石無由入得。汝見今身，且為下賤，如何得自由佛法」，甚至威脅遠公，如不「解事低頭莫語，用意專聽」，「不取我指撝」，就要「請杖決了，趁出寺門，不得聞經」。故遠公憤而就《涅槃經》義，提出眾生皆有「佛性」，在成佛這一點上，眾生皆有平等，以駁斥道安法師。

「賤人行」即「口馬行」

　　按《董永變文》中記董永賣身葬父事，云董永賣身葬父畢，赴主

家途中，遇仙女詢問，遂告賣身之事。仙女問云：

世上莊田何不賣，驚（擎）身卻入殘（賤）人行？

變文校錄者將「殘」字校作「賤」，實為見「殘人行」為「賤人行」之誤。

按唐代「市」中諸「行」之「行名」，常有兩稱者。在北京房山所出唐石經中，所見諸條石經題記中，多見幽州（范陽郡）諸「行」合資捐造題名。經查題記中所見「行名」及主人名，就可發現有此種現象。今試作一表對照如下：

經名	時間	行名	主人名
《大般若經》	天寶四載		游金應
《大般若經》	天寶六載	絲綢采帛行絹行	游金應
《大般若經》	天寶七載		游金應[19]

一部巨帙之佛經，若要刻成，就財力或人力而言，均非一時所能完成，故要分期刻成。從題記主人名所見，皆「游金應」一人，但所題行名，則有稱「絲綢采帛行」，有稱「絹行」者。石經題記中，還見有「大米行」，亦稱「白米行」者。足證唐代之「行名」，實有一「行」二名之現象。

唐制規定，奴婢買賣被限制在「市」內的「口馬行」中進行。在法律上，奴婢均屬於「賤口」，即所謂「奴婢賤人」。[24]而在吐魯番出土

23　據中國佛協油印本《房山雲居寺石經題記》卷三七，七・二四；卷三八，七・三六；卷六五，八・一九九；卷六九，八・五四。

24　《唐律疏議》卷六《名例律》「官戶部曲」條疏議曰。

唐代「鄉帳」中，亦將奴婢列作「賤」口統計。故而作為奴婢牲口交易的「口馬行」，亦可稱作「賤人行」。

　　（原載《魏晉南北朝隋唐史資料》第八輯，武漢大學學報編輯部，1986 年）

《舜子變》、《前漢劉家太子傳》、《唐太宗入冥記》諸篇辨疑

——讀《敦煌變文集》札記（三）

遼陽城兵馬下　大好經紀　沿路覓些宜利

《舜子變》記瞽叟喚言舜子云：

遼陽城兵馬下，今年大好經記（紀）。阿耶暫到遼陽，沿路覓些宜利。去時只道壹年，三載不歸宅李（里）。[1]

按：舜以孝事親傳說由來已久矣，歷代相傳，自然也就把許多後代事物滲雜進去。如本變文中既云唐堯虞舜世事，何得又有「遼陽城兵馬下」，自不待辯。而云舜子「先念《論語》、《孝經》，後念《毛詩》、《禮

1　王重民、週一良等編：《敦煌變文集》上冊卷二，人民文學出版社 1984 年版。後凡引本書之處，不再一一注出。

記》」，則更荒唐。但往往這些看來是「無知」之舉，卻恰恰向我們提供了判斷這篇作品創作年代的線索。

本文尾部題記云：「天福十五年歲當己酉」。按後晉石敬瑭建元天福，至七年（942）卒，石重貴立，初繼用天福年號，至八年七月改元天運。天運三年（946），亡於契丹。天福十五年則當後漢劉承祐乾祐三年。唯若天福十五年，歲當庚戌，題記所記紀年及干支，二者必有一誤。有關歸義軍曹氏奉行五代時期中原諸王朝正朔，接受封號事，中外前賢學者考證精詳，此處不欲贅引。筆者所要指出的是，這篇變文的創作年代，必在天福以前，是毫無疑問的了。

又本文結尾處，題作「舜子至孝變文」。變文作為一種創作文體，始於唐代，盛於唐代，亦為前賢所考定。由此可以判斷，本文是唐代民間文學作家，以流傳久矣的傳說人物虞舜以孝事親的故事，加以整理，用「變文」文體，再度加工創作。其間也必然會在有意無意之中，把作者所處時代發生的事件，滲透進他的作品之中。

本變文中記「遼陽城兵馬下」句，這裡「兵馬」二字給了我們一個啟示，即在「遼陽城」集中了大量軍隊，當是有大規模戰事發生。然考有唐一代，並未見有「遼陽城」名。考諸史籍，在漢遼東郡下有遼陽縣[2]，今遼寧省遼陽市附近。後魏世有遼陽城[3]，今山西省左權縣[4]。漢武世及隋文帝、煬帝世，亦皆有遼海之役，似乎亦可指西漢及隋兩朝之用兵。然以「變文」文體而言，又可排除這兩種可能。

有唐一代雖無「遼陽城」名，但非不見「遼陽」之記載。今憶唐

2　《漢書》卷二八《地理志》「遼東郡」條。

3　《魏書》卷一○六上《地形志上》「樂平郡遼陽縣」條。

4　顧祖禹：《讀史方輿紀要》卷四三「山西五遼山廢縣」。譚其驤主編：《中國歷史地圖集》第四冊，中華地圖學社1975年版。

太宗《宴中山王》詩，有云；

　　驅馬出遼陽，萬里轉旄常。對敵六奇舉，臨戎八陣張。斬鯨澄碧海，卷霧掃扶桑。[5]

此處無須作繁瑣之考證，即可知作於貞觀十九年（645），遼海之役，御駕親征時。僅就「碧海」及「扶桑」句，可知詩中「遼陽」地望，瀕臨朝鮮之地。唐雖無「遼陽」，太宗仍用漢舊地名入詩，此亦詩人用典手法，無足為怪。或即以「遼陽」指遼水之北，亦未必不可。有唐一代，太宗、高宗兩朝，多次發動遼海之役，史有詳載，且前賢多有論述，亦無需於此一一贅引。

　　瞽叟稱言「遼陽城兵馬下，今年大好經記（紀）。阿耶暫到遼陽，沿路覓些宜利」是指何事？按「經紀」二字本意，據張文成云：

　　滕王嬰、蔣王暉、皆不能嚴慎。大帝（按指高宗）賜諸王，不予二王（按指滕、蔣二王），約曰叔（按指滕王）、蔣兄自解經紀，不勞賜物與之。[6]

按，滕、蔣二王貪鄙聚斂，兩《唐書》本傳有載，由此可見，「經紀」二字，實指聚財而言。

　　瞽叟一介白丁，他的「經紀」，只能靠因有「遼陽城兵馬下」而得以「沿路覓些宜利」。而此舉指何而言？今考同時敦煌藏經洞所出之

5　《全唐詩》卷一《太宗皇帝》，中華書局 1960 年版。

6　趙守儼點校：《朝野僉載》卷四，中華書局 1980 年版。

《韓擒虎話本》所記，韓領隋兵平陳，軍至中牟，為探陳軍機，派一官健作探。

　　丐（改？）換衣裝，做一百姓裝里（裏）。擔得一栲栳饅頭，直到蕭磨呵塞內，當時便賣。探得軍機，即便回來，到將軍帳前唱諾便報……（蕭軍）大開塞門，一任百姓來往買賣。[7]

按此話本，雖言隋事，但未必作於隋代，且敢直言文帝之篡立，非隋時所敢道。而話本開宗明義講到：

　　會昌既臨朝之日，不有三寶，毀坼（拆）伽藍，感得海內僧尼，盡總還俗迴避。

此所指，為唐代會昌三年（843）滅佛之事。而以「話本」文體，亦為唐之文學形式。凡此種種，前賢多有考證，足見此《話本》，既創作於唐代，其間勢必將唐代之事物滲進以隋代故事為題材的作品之中，也正反映了當時尚有小商將饅頭之類食品，於軍中出售。

　　按唐代軍隊之中，一般戰士生活非常艱苦，王梵志詩記征行府兵生活云：

　　磧里向西走，衣甲困須擎。白日趁食地，每夜愁知更。鐵鉢淹乾飯，同夥共分諍（紛爭）。長頭飢欲死，肚似破窮坑。[8]

7　王重民、週一良等編：《敦煌變文集》上冊卷二，人民文學出版社 1984 年版。

8　張錫厚：《王梵志詩校輯》，中華書局 1983 年版。

這裡講的是磧西行軍之困境，背著沉重的衣甲，急行趕往前站宿營地，而軍食量少質差，十人一鍋就餐，不得不互相爭搶，因此出現「肚似破窮坑」，長期處於飢餓欲死的境地。據劉仁軌所云，太宗朝遼海之役：

> 見百姓人人投募，爭欲征行，乃有不用官物，請自辦衣糧，投名義征。[9]

足見此「投名義征」者，尚有錢財。就是到高宗朝，雖不見有「義征」者，但被徵發的府兵中，亦非俱是窮困百姓。吐魯番阿斯塔那出土之高宗朝人左憧憙墓之墓誌，表面他雖非如墓誌所言「財豐齊景」之大富戶，但仍是舉放小額高利貸，並能購買園地者。據該墓出土《唐麟德二年（665）趙丑胡貸練契》記：

> 1.麟德二年八月十五日，西域道征人趙 丑
> 2.胡于同行人左憧憙邊貸取帛練
> 3.參疋。其練回還到西州拾日內，還
> 4.練使了。[10]

按麟德二年西域道行事，當與是年閏三月于闐戰事有關，史稱：

> 疏勒、弓月兩國共引吐蕃之兵，以侵于闐。詔西州都督崔知辯及

9　《舊唐書》卷八四《劉仁軌傳》，商務印書館1958年縮印百衲本。

10　《吐魯番出土文書》第六冊，文物出版社1985年版。

左衛將軍曹繼叔率兵救之。[11]

據此則知，左、趙被徵行，應與赴援是役有關。左墓同時出土兩份《支用錢練帳》，其間涉及「胡乍城」、「據史德城」、「拔換城」、「安西」。考讀史籍，安西都護府置於龜茲，其餘上述三城，俱在安西管內。[12]可見此二支用帳皆記左從行是役，赴安西管內，用錢練購物帳。有關此二帳考釋，當另撰文論之，此處僅是表明左與趙同赴安西之役，趙向左借錢，未必定作沿途行軍改善生活用品，但左必有錢財另行購買食物，以補軍食之不足。

　　由上可知，唐行軍途中，因軍食之量、質俱差，至少兵士之中，帶有錢財的，要向商人購買食物。因此，瞽叟所謂之「沿路覓些宜利」，即指隨征行軍伍中，做些小生意謀利。此種情況，猶見於後世。近代左宗棠軍西進時，天津及其附近小販亦隨之而西行，最後在迪化（今烏魯木齊市）發展成為一幫強大的商業勢力。

　　瞽叟所謂一去遼陽，三年不歸。三年舉其成數而言，且民間作家創作文學作品，數字未必精確，但言其停留久矣。太宗、高宗朝多次發動遼海之役，各次時間長短不一，此處亦無必要詳考。總之，本變文作於太宗、高宗兩朝遼海之役時（或稍後），應是無疑的。

11　《冊府元龜》卷九九五《外臣部·交侵》，中華書局 1982 年版。

12　《新唐書》卷四三《地理志》「安西西出」條，商務印書館 1958 年縮印百衲本。

南陽白水張，見王不下床

　　按《前漢劉家太子傳》云：西漢末，漢帝（當指平帝而言）患病，恐後權臣篡位，故遺言其子，若有難可投南陽郡，因「彼先有受恩之人，必會救汝」。後果有王莽篡位。

　　其太子逃逝，投於南陽郡……郡中唯有一人，名曰張老，先多受漢恩德……（遂遣其子）引（太子）至入門……便識太子，走至下階，即便拜舞，問其事〔理〕已了，卻便充為養男，不放人知……（後太子）遂興兵卻得父業。故云：「南陽白水張，見王不下床。」此之事也。

　　本傳早經前賢考定，事屬子虛烏有，且筆者無意於文學作品探源，而在於旨在探討創作年代。傳文中即稱「南陽白水張，見王不下床」，知其必為推崇「南陽白水張」一族，這裡也就給了我們一個啟示，使我們得以找出本傳文創作的時代和地域。

　　張公救助劉家太子事既屬子虛烏有，而虛構這個故事的目的，顯然是為推崇「南陽白水張」，云其立有殊勛——保護劉家太子脫難，助其復國，因故得此榮寵——「見王不下床」。這也必然同該傳文作者所屬時代與地區有關。

　　敦煌藏經洞中所出各種文學作品，當然不少是來自沙州以外地區，但也有若干是出自當地民間作家的手筆。因此，這些作品也勢必要反映該地區在創作該件作品時期，當地政治生活上的一些重大事件，勢必要歌頌當地的最高統治者。在《張議潮變文》、《張淮深變文》中，就可見到在歸義軍張氏時期，對兩位節度使歌功頌德，已達無以復加的程度。若以本篇傳文與這兩篇變文相比較，有理由認為本傳文

也同樣是在歸義軍張氏統治時期，由當地民間作家加工創作的。

　　按張氏之遷至敦煌、張氏之族源，以及自漢以迄於唐，張氏家族之遷徙與地方政治，前賢多有考證，此處不欲贅引。我們知道，五胡十六國時期，長期生活在敦煌的一支張氏，遷入當時的高昌郡。在麴氏高昌王國時期，凡出土墓誌，張姓例稱敦煌張氏，但一入唐之後墓誌則改為「南陽白水」。如吐魯番阿斯塔那 206 號墓出土的《唐故偽高昌左衛大將軍張君夫人永安太郡君麴氏墓誌》[13]，以及早年出土的《張懷寂墓誌》[14]，皆稱張氏「源出白水」。敦煌藏經洞所出《張議潮張淮深別傳》所記張氏源出，亦同前引二碑，俱云出自南陽白水。[15]有關張氏族源，前賢學人，數有考定，此處不在於探討何說有據，無須詳辯。總之，無論張氏自漢由何地遷入敦煌，但今所見明確提及「南陽白水」，是在唐代。今見敦煌所出《天下姓望氏族譜殘卷》所記，南陽郡十姓，張姓為首[16]，故敦煌張當在唐時，據氏族譜，而以南陽白水作郡望。

　　又自大中十年（856），張議潮逐吐蕃，上表唐宣宗，而得授歸義軍節度使，此後張氏歷代相傳。唐此時已衰微，內外交困，沙州張氏，雖奉唐正朔，受其封號，但唐已無暇顧及，而張氏坐大矣。在當時當地創作之文學作品中，明顯地看到了這個現象的反映。如《張議潮變文》中記：

13　新疆博物館、西北大學歷史系考古專業：《1973 年吐魯番阿斯塔那古墓群發掘報告》，載《文物》1975 年第七期。

14　黃文弼：《吐魯番考古記》，中國科學院 1954 年。

15　藤枝晃：《沙州歸義軍始末》，載《東方學報》第十二冊之三、四分冊，第十三冊之第一、二分冊。按藤枝教授將兩件文書拼合為一。

16　唐耕耦、陸宏基：《敦煌社會經濟文獻真跡釋錄》第一輯，書目文獻出版社 1986 年版。

三光昨來轉精耀，六郡盡道似堯時……再看太保顏如佛，恰同堯
王似重眉……某乙口承阿郎萬萬歲。

這裡把張議潮比作唐堯聖主，比作釋迦牟尼，並且在封建等級森嚴的
時代，對之敢行高呼「萬萬歲」。這都反映了在歸義軍張氏統治沙州地
區時期，張氏的特殊地位，以及權勢之顯赫。因此，在由當地民間文
學家所創作的作品中，出現「南陽白水張，見王不下床」也就不足為
怪了。

　　據此可知，題為《前漢劉家太子傳》的文學作品，是在歸義軍張
氏統治沙州地區時期，由當地民間作家，據民間傳說，進行旨在歌頌
統治者張氏家族的加工整理，創作而成。

大雲經　門街西邊寺　河北二十四採訪使

　　《唐太宗入冥記》中，記唐太宗入陰曹地府，遇冥判官崔子玉事，
云及崔判官敲詐太宗得官事，並云崔囑太宗還陽後，應做功德事。

（太宗賜崔）蒲州刺史兼河北廿四州採訪使……仍賜蒲州縣庫錢二
萬貫……（崔又云）陛下若到長安，須修功德，發走馬使，令放天下
大赦，仍□□門街西寺錄，講《大雲經》，陛下自出己分錢，抄寫大
□□（雲經）。

上段照抄《敦煌變文集》所收之文。有關本件文學作品，研究者甚多，
已考其故事淵源，以及文中涉及的玄武門之變，同時研究了對後世小

說，如《西遊記》之影響，此處亦無需贅引。本文則在於考證該篇作品創作於何時，中間是否又經再度創作，以及有關寺名地望之解釋。

按有關《大雲經》的考釋，觀堂先生《唐寫本大雲經疏跋》已有詳考。[17]總之，《大雲經》受到重視，是武則天為取代李唐的政治需要，故令天下諸州置大云寺，頒《大雲經》於天下。「寺各藏一本，令升高座講說」，這個詔書是得到了認真貫徹的。我們從杜環的記載中，也可見到，直至碎葉城，亦建有大雲寺。[18]

太宗既入冥，若要還陽，當然應該做功德，也就是要寫佛經若干。同時敦煌藏經洞所出的黃仕強入冥記，就是要寫《證明經》[19]，這也正反映了當某位民間文學家創作本作品時，當在武則天載初改元，尊崇《大雲經》之時。

至於「仍□□門街西邊寺錄，講大雲經」句，前因有殘缺，甚或還有脫漏，故難於補闕糾謬。但若與後半句中《大雲經》結合起來考察，似乎就可得到解決。

「寺錄」僅就二字，殊不可解。唐雖有「僧錄」，但不可寫作「寺錄」。今據宋次道《長安志》知：

當皇城南面朱雀門，有南北大街，曰朱雀街……東西廣百步……萬年、長安二縣以此街為界。萬年領街東五十四坊及東市，長安領街西五十四坊及西市。[20]

17　王國維：《大云經疏跋》，載《觀堂集林》第四冊。

18　張純一：《經行記箋注》，中華書局 1963 年版。

19　許國霖：《敦煌石室寫經題記與敦煌雜錄》上輯，陽字 21 號《佛說普賢菩薩說證明經》題記，商務印書館 1937 年版。

20　宋敏求：《長安志》卷七，長安縣誌局本。

這裡的記載，似乎可以幫助我們補入缺字，應是「朱雀門街西邊」。如果我們沿這條路線，再探索下去，就會發現一所寺院。前引《長安志》卷十記載了朱雀門街西之第四街，即皇城西之第一街，內有一懷遠坊，坊東南隅有大云寺。該條下注云：

> 本名光明寺，隋開皇四年文帝為沙門法經所立……武太后初，此寺沙門宣政進《大雲經》。經中有女主之符，因改為大雲經寺，遂令天下每州置一大雲經寺。此寺當中寶閣崇百尺，時人謂之七寶臺。

由此可見，崔子玉囑太宗還陽之後，所作功德，即指定於朱雀門街西邊大雲寺內，抄錄《大雲經》，並延僧升高座，宣講是經。所謂太宗出「己分錢」抄寫，即謂做功德，要心誠，須用自己分內之錢，而不得聚斂錢財來寫經。此句亦可補正為：「朱雀門街西邊大雲寺，錄講《大雲經》。」據此，知這篇作品，當作於武周推崇、宣揚《大雲經》時期。

　　但文內又見太宗賜崔子玉官至「蒲州刺史兼河北廿四州採訪使」。按，採訪使，即採訪處置使。「玄宗開元二十二年二月十九日，初置十道採訪處置使」[21]，按採訪使本按道分置，此處所言「蒲州刺史兼河北廿四州採訪使」，當指太宗奉崔子玉為蒲州刺史，又兼任河北道採訪處置使。很明顯，民間作家又把玄宗世置設之使銜名，加到太宗世。綜前所述，對《大雲經》的尊崇，反映這篇作品，創作於武周載初之世；「採訪使」名的出現，又反映了在開元二十二年後，曾經過再度加工。

　　（原載《魏晉南北朝隋唐史資料》第九、十輯合刊，武漢大學學報

21　《唐會要》卷七八「諸使中採訪處置使」條，中華書局 1955 年版。

編輯部，1988 年）

《李陵變文》、《張義潮變文》、《破魔變》諸篇辨疑

——讀《敦煌變文集》札記（四）

軍中「兩個女子」車上「三條黑氣」

《李陵變文》中記李陵率軍深入漠北，與匈奴交戰之事，內云：

> 頓食中間，陵欲攢軍，方令擊鼓，一時打其鼓不鳴。李陵自嘆：
> 「天喪我等！」嘆之未了，從第三車上，有三條黑氣，向上衝天。李陵
> 處分左右搜括，得兩個女子，年登二八。亦在馬前，處分左右斬之，
> 各為兩段。其鼓不打，自鳴吼喚。[1]

今檢《漢書》李陵本傳所記與上引頗類，唯作：

1　王重民等編：《敦煌變文集》上冊，人民文學出版社 1984 年版。

　　陵曰：「吾士氣少衰而鼓不起者，何也？軍中豈有女子乎？」始軍出時，關東群盜妻子徙邊者隨軍為卒妻婦，大匿車中。陵搜得，皆劍斬之。

該條顏師古注云：

　　擊鼓進士而士氣不起也。一曰，士卒以有妻婦，故聞鼓音而不時起也。[2]

由此可見該變文作者雖是一不知名民間藝人，然所擇題材既是史傳所載，大體尚能保持其原貌。變文既是民間講唱文藝，為能吸引眾多聽眾，故必作文學渲染。然此種文學渲染，亦非無根據。

　　今見李荃《太白陰經》云：

　　侵欺百姓，奸居人子女，及將婦人入營者斬，恐傷人，軍中慎女子氣。[3]

又《通典》引《衛公兵法》云：

　　奸人妻女，及將女婦入營，斬之。[4]

2　《漢書》卷五四《李廣傳附孫陵傳》，中華書局 1987 年版。

3　李荃撰，盛冬鈴譯註：《神機制敵太白陰經‧誓眾軍令篇第三十三》，河北人民出版社 1991 年版。

4　王文錦等校點：《通典》卷一四九《兵二》「雜教令」引《大唐衛公李靖兵法》，中華書局 1988 年版。

杜子美《新婚別》詩云：

　　婦人在軍中，兵氣恐不揚。[5]

據上所引，知唐代深恐軍中攜帶有婦人，以致兵氣不揚，影響軍紀及戰鬥力，故嚴禁之。凡犯禁者，處以極刑，唯不知被士卒攜帶入營中之婦人是否亦同斬。《漢書·李陵傳》中，但見斬士卒之妻婦，不見斬士卒。當因李陵時已成孤軍之勢，士卒傷亡過多，而後援無聞，陵為保持戰鬥力，故捨犯禁士卒不問，而斬其妻婦。犯禁士卒既已無妻婦，身心亦斷牽累，聞鼓亦必攻戰神速而無後顧之憂。

　　該變文之作者所云陵因見第三車上，有「三條黑氣，向上衝天」，遂處分左右搜出，斬於馬前，似有文學渲染，但亦有所據。

　　今據馬世長君對敦煌所出《占雲氣書》的研究，指出：本卷「占云氣書所據底本，大約是晚唐時期輯錄的。」「占雲氣書的抄寫，大約在五代時。」但軍隊作戰，要看雲氣以斷定吉凶之類事，必非晚唐始出現。根據馬君所錄《占雲氣書》以及馬君所引《通典》卷一六二《兵十五·風雲氣候雜占》中有關資料，知但凡有「黑雲」、「黑氣」，皆為凶兆。[6]變文之不知名作者，正是根據此，為說明軍中因有婦人，影響作戰士氣，故用「黑氣」衝天，以表凶兆。變文中的李陵，因身為將領，遂能據風雲而占吉凶，見第三車上，有「三條黑氣，向上衝天」，知為凶兆，故遣左右，遂搜括得「兩個女子」。陵即「處分左右斬之」，以求破凶化吉。

5　　《全唐詩》卷二一七，中華書局 1979 年版。

6　　馬世長：《敦煌縣博物館藏星圖、占雲氣書殘卷》，載北京大學中國中古史研究中心
　　　編《敦煌吐魯番文獻研究論集》一，中華書局 1982 年版。

又見本變文集中，收有《漢將王陵變》一文，內記西楚霸王項羽在楚漢相爭時，遣鍾離末將漢將王陵之母捉得，欲使陵母修書招降王陵。陵母不從，霸王大怒，遂下令：

（鍾離末）領將陵母，髡發齊眉，脫卻沿身衣服，與短褐衣，兼帶鐵鉗，轉火隊將士解悶。各決杖五下，又與三軍將士縫補衣裝。[7]

今檢《漢書》王陵本傳，所記為「項羽取陵母置軍中」[8]，並未見有如變文所云。該篇變文作者之文學渲染與上所考似有相悖之處。筆者認為前者所云，是指作戰部隊，為解除士卒後顧之憂，以整肅軍紀，提高士氣，故嚴禁軍營之中，攜帶婦人。而後者則是為駐守軍隊解決性飢渴及生活服務之需，同時也是對「罪婦」最為不仁道、最為野蠻殘酷的懲罰。

凶門

《張義潮變文》云：

僕射（按指張義潮）聞吐渾王反亂，即乃點兵，鑿凶門而出，取西南上把疾路進軍。

7　王重民等編：《敦煌變文集》上冊，人民文學出版社 1984 年版。

8　《漢書》卷四〇《王陵傳》，中華書局 1987 年版。

又見《張淮深變文》云：

（張淮深）傳令既訖，當即引兵，鑿凶門而出。[9]

今見張鴻勳先生注《張義潮變文》「凶門」條云：

古代軍將出征時，鑿一扇向北之門，由此出外，以示必死的決心，稱凶門。見《淮南子・兵略・注》。[10]

知已引書及篇名，但未錄出是書所記文及注。又見項楚先生注該條云：

古代軍將出征，鑿開一扇向北的門，由此出發，以表示誓死不歸的決心。《淮南子・兵略》：將已受斧鉞，乃剪指爪，設明衣，鑿凶門而出。[11]

今引漢高誘注《淮南子》該條云：

凶門，北出門也。將軍之出，以喪禮處之，以其必死也。[12]

由是觀之，則古代將軍出征，必取北門。而即出軍，將士應有有死無

9　王重民等編：《敦煌變文集》上冊，人民文學出版社 1984 年版。

10　張鴻勳：《敦煌講唱文學作品選注》，甘肅人民出版社 1987 年版。

11　周紹良主編：《敦煌文學作品選》，中華書局 1987 年版。

12　《淮南子・兵略篇》，上海古籍出版社 1990 年版。

回之決心，故為表決心，須備作凶禮之儀式，即如《儀禮》中儀喪之制，預作「明衣」等。[13]《晉書・周處傳》云其與齊萬年戰於六陌，因遭梁王肜等之陷害，孤軍作戰，已成敗覆之勢，左右勸其退，然處按劍曰：

此是吾效節授命之日，何退之為！古者良將受命，鑿凶門以出，蓋有進無退也……我為大臣，以身殉國，不亦可乎？[14]

可見此處周處之「絕命辭」，所用「凶門」之典，正出於《淮南子》文及高誘注。

至於「鑿凶門」之「鑿」義，見於《漢書・張騫傳》。蘇林注「鑿空」之「鑿」字義，云：「鑿，開也。」[15]故「鑿凶門而出」，即開北門而出。

附記：筆者昔年承馬雍先生見告：「清代出師，必取道安定門而出，班師回朝，必取道德勝門而入。安定、德勝，皆取吉祥之意。」此二門皆在北，唯前者偏東，後者偏西。是知清代出師，猶遵古制。

13　《儀禮注疏》卷三五至三七《喪儀》，《十三經注疏》本，中華書局一九八〇年版。
14　《晉書》卷五八《周處傳》，中華書局 1987 年版。
15　《漢書》卷六一《張騫傳》，中華書局 1962 年版。

當今皇帝　府主僕射　府主司徒　國母聖天公主
合宅小娘子、郎君　佐大梁

《破魔變》云：

> 以此開贊大乘所生功德，謹奉莊嚴我當今皇帝貴位……伏唯我府主僕射……奉用莊嚴我府主司徒……次將稱讚功德，謹奉莊嚴國母聖天公主……又將稱讚功德，奉用莊嚴合宅小娘子、郎君貴位……然後銜前大將……隨從公寮……自從僕射鎮一方，繼統旌幢左（佐）大梁。[16]

此處「押座文」所記乃當時講經儀式，可見《廬山遠公話》中記「道安」在福光寺（按應作福先寺，詳考見下篇）內講《涅槃經》時：

> 手把如意，身座寶臺，廣焚無價寶香，即宣妙義，發聲乃唱，便舉經題云……開經已了，嘆佛威儀，先表聖賢，後談帝德。伏願今皇帝……願諸王太子……公主貴妃……朝廷卿相……郡縣官寮……[17]

由上可見，《破魔變》中「押座文」之形式，一如後者。所不同之處，就在於前者在稱頌當今皇帝之後，加進了兩處對「府主」（即瓜、沙地區實際統治者──歸義軍節度使）的諛辭。同時，用「府主」之母及子女取代了「諸王太子」、「公主貴妃」的地位；用「府主」的僚佐及

16　王重民等編：《敦煌變文集》上冊，人民文學出版社 1984 年版。

17　王重民等編：《敦煌變文集》上冊，人民文學出版社 1984 年版。

下屬（衙前大將及隨從公僚）取代了「朝廷卿相」及「郡縣官寮」的地位。這種變化，正反映了唐末五代時期歸義軍節度使的特殊地位。

根據該卷末之題記記云：

天福九年甲辰祀黃鐘之月萱生十葉冷凝呵筆而寫記
居淨土寺釋門法律沙門願榮寫

今按天福為後晉高祖石敬瑭年號，其卒於天福七年（942），從子石重貴繼立，仍沿用天福，至九年（944）七月，方改元開運。當因關山阻隔，瓜、沙地區尚不知改元之事，故至是年十一月，尚沿用天福年號。所記月日，經項楚先生考定為農曆十一月初十日。[18]此時瓜、沙地區統治者是曹議金之子曹元忠。又據榮新江君考證，曹元忠是在天福九年（944）三月九日，曹元深去世後，繼任節度使的。[19]

又，該卷卷末題記所見沙門願榮，是傳授戒律的僧人，故此經變文必非出自其手筆，他不過是一抄寫人而已。那麼此經變出於何時？其中所云將「稱讚功德」奉用之對象的「當今皇帝」、「府主僕射」、「府主司徒」、「國母聖天公主」、「合宅小娘子、郎君貴人」是指何等人？「左（佐）大梁」句又是何所指？這些問題猶如一團亂麻，毫無頭緒。如能解決寫作年代，或是「府主」究是何人，就能理出經緯，一切問題皆能迎刃而解。由於上列諸人中，唯有「國母」尚有公主身分，應是最易入手探討的，且有研究成果可作憑籍，故欲從此處而入手，以解亂麻。

18　周紹良主編：《敦煌文學作品選》，中華書局 1987 年版。

19　榮新江：《沙州歸義軍歷任節度使稱號研究》，載《敦煌吐魯番學研究論文集》，漢語大辭典出版社 1990 年版。

　　賀世哲先生及榮新江君，皆已指出「國母聖天公主」即指曹議金為結好甘州回鶻，所迎娶回鶻聖天可汗之女。根據曹議金時所營建於鳴沙山下之第 98 窟，主室東壁門北側供養人像列南向第一身題名，即「聖天公主」。其後二人為已故之索氏及當時尚在人世之宋氏。據敦煌研究院所作人像尺寸實測，其列前二人身像高六十九至七十釐米，寬則俱為九釐米。宋氏身像高四十三釐米，寬九釐米。[20]由此可知索氏雖是正室，並可能是索勳之女，但因曹議金為結好甘州回鶻，而娶聖天可汗之女，故特尊重，置為第一身。索氏雖因之屈就第二位，且已故世，然因是正室之故，猶在身像高度尺寸上，同於聖天公主。唯宋氏雖有所生，然既非正室，故居第三位，身像高寬尺寸，亦大為遜色於前列二婦。曹議金卒後，元德、元深、元忠兄弟相繼承襲歸義軍節度使之位。在曹元德世所營建的第 100 窟中，猶見有據考確為聖天公主的「聖天可汗的子隴西李氏」的供養人像及題名。曹元深所營建第 22 窟中，今只見有東壁門南側供養人像及題名有第一、二身：

　　敕受（授）秦國太夫人天公主是北方大□（回）□（鶻）□（國）
聖天⋯⋯
　　□受（授）廣平郡⋯⋯

根據實測記錄，二供養人像均高六十八釐米，寬八釐米。又據 68 窟供養人像題記所記：

　　故慈母敕授廣平郡君太夫人宋氏一心供養⋯⋯

20　敦煌研究院編：《敦煌莫高窟供養人題記》，文物出版社 1986 年版。

知此上「廣平郡」雖因缺文，但據下，可知是指宋氏，是為元德、元深、元忠之生母。且元德、元深統治瓜、沙之世，這位回鶻「聖天公主」猶在人世。

但在曹元忠世所營建的第55、第61兩窟供養人像題名中，我們見到如下兩條記載：

> 故北方大回鶻國聖天的子敕授秦國天公主隴西李氏一心……
> 故母北方大回鶻國聖天的子敕授秦國天公主隴西李……[21]

由此似可判斷「聖天公主」在曹元忠統治瓜、沙時期已去世。只是由於我們不知第55、第61兩窟作於曹元忠統治時期的某年某月，因而不能判斷是否在其繼任之前，即已亡故。但可判斷，至遲在曹元深統治時期，營建第22窟時，「聖天公主」猶在人間。

在《破魔變》中，即稱：

> 次將稱讚功德，謹奉莊嚴國母聖天公主。

則此時「聖天公主」尚在人世。設若「聖天公主」已逝，而因其為甘州回鶻可汗之女，曹氏欲倚仗回鶻王，尚自尊崇，則必於「國母聖天公主」前加「故」字，猶如前引第55、第61兩窟供養人題名之例。事實上，我們據《廬山遠公話》及《長興四年中興殿應聖節講經文》所見，皆只稱讚當今所在之主及其眷屬。故由此可見，本卷必作於「聖天公主」尚在人世之時。據前所考，當在元德、元深統治時期。

21　敦煌研究院編：《敦煌莫高窟供養人題記》，文物出版社1986年版。

　　在《破魔變》中，我們見到有關「府主」記載為二：「府主僕射」、「府主司徒」。所謂「府主」，今據潘安仁《閒居賦》該條及李善注引臧榮緒《晉書》曰，知本為下屬及僚佐（即在本卷中之「衙前大將」、「隨從公寮」）對其所屬長官的尊稱。在這裡的「府主」，應是指歸義軍節度使。

　　然天無二日，人無二主，瓜、沙地區在同一時期內，也只能有一位節度使。因之，本卷中的「府主」，必指當時在位的歸義軍節度使。但卷中的「府主」，一稱「府主僕射」，一稱「府主司徒」，且後又有「自從僕射鎮一方」句。那麼當時在位的歸義軍節度使的加銜應有「僕射」與「司徒」，方能與前「一主」說相吻合。

　　今據榮新江君研究歸義軍曹氏所用稱號年代表所記：

節度使	稱號	年代
曹元德	司空	935-939
	太保	939
曹元深	司空	940-（941）
	司徒	942-943
	太傅	944
曹元忠	僕射	（944）-945
	司徒	946
……[22]		

22　榮新江：《沙州歸義軍歷任節度使稱號研究》，載《敦煌吐魯番學研究論文集》，漢語大辭典出版社 1990 年版。

　　若據上表，三人之中，則只有曹元忠具有僕射、司徒二頭銜。但筆者前已考「聖天公主」元忠世已卒。儘管這是一個很難站穩的論證，且元忠稱司徒事在西元九四六年，時當後晉出帝開運三年，上距本卷題記，抄寫在天福九年之後兩年，故可排除本卷作於曹元忠世。

　　又據榮君所作稱號年代表，只有曹元深尚有一「司徒」頭銜。限於文獻及出土文書的欠缺，故榮君作表，亦只能就所能見到的資料，以及前人研究成果而言。或許由於資料欠缺，尚未能完整反映元德、元深時的銜名。但由於已見元深既稱「司徒」，或許於此前，已稱「僕射」。今據榮君所作表，曹議金、曹元忠初立之時，皆已先稱「僕射」，繼之再稱「司空」、「司徒」。在唐，「僕射」已成加官。「司徒」，本「三公」之末，亦作加銜。今據《破魔變》云：

　　伏唯我府主僕射，神資直氣，岳降英靈，懷濟物之深仁，蘊調元之盛業。門傳閥閱，撫養黎民，總邦教之清規，均水土之座位。自臨井邑，比屋如春，皆傳善政之歌，共賀昇平之化。致得歲時豐稔，管境謐寧，山積糧儲於川流，價賣聲傳於井邑。

此處「自臨井邑」句以下，應指初任歸義軍節度使後之功業。又，緊接上引文後，復云：

　　謹將稱讚功德，奉用莊嚴我府主司徒。伏願洪河再復，流水而繞乾坤；紫綬千年，勳業常扶社稷。

上引所見，非是指初臨節使之情，而是贊其繼開創之後，再長保功業。

　　由上所見，前段實是指曹元深初立稱「僕射」時之功業，後段是

贊曹元深稱「司徒」後，能永保其功業。如此類的稱讚詞，已超過對「當今皇帝」的讚詞的現象，這裡只能用歸義軍節度使在瓜、沙地區的特殊地位來作解釋。曹氏雖稱臣於中原王朝，但那畢竟是節度使的大事，而在瓜、沙民眾心目中，天高皇帝遠，當今節度使才是當地真正的最高統治者。事實上，這種情況早已在歸義軍張氏時期出現。[23]但因讚詞過長，所以兩度提及「府主」，對其初繼之後所建功業，則用「府主僕射」稱讚，而在其稱「司徒」之後，復又祝願其能永保功業。從文中尚見有讚揚之句：

> 自從僕射鎮一方，繼統旌幢左（佐）大梁。

由此亦可見，筆者懷疑曹元深繼立之初，曾一度自稱「僕射」，也非毫無根據的妄斷。

　　據上考，「府主僕射」及「府主司徒」，應是指當時的歸義軍節度使曹元深。

　　上表所見曹元深於西元九四〇年初繼曹元德為歸義軍節度使，時當後晉石敬瑭天福五年；稱「司徒」事至遲在西元九四二年之後，時當天福七年；稱太傅事至遲在西元九四三年初，時為天福八年，則文中的「當今皇帝」，非後晉高祖石敬瑭莫屬。

　　由此所產生的矛盾，就在於「佐大梁」之「大梁」指何而言。若以「大梁」指後梁，僅從字面而言，雖易理解，然與上所考，則相牴牾。前賢學者曾指出「大梁」未必指後梁，而釋「大梁」作「棟梁」，

23　拙作《〈舜子變〉、〈前漢劉家太子傳〉、〈唐太宗入冥記〉諸篇辨疑》，載《魏晉南北朝隋唐史資料》第九、十輯合刊。

「佐大梁」即「挑大梁」，這表明他們並不同意「大梁」指「後梁」。

　　筆者今試作另一解釋。經考證此卷作於曹元深時期，中原王朝正為後晉石敬瑭統治。而據文獻記載，石敬瑭本為後梁北京（太原）留守，後石敬瑭借契丹之力，於後唐末帝清泰二年（936）起兵反，滅後唐，建都大梁。《五代會要》及兩《五代史》均有記載。唯《通鑑》記載較簡練，且有胡注可資用，今僅就此，擇其一二。石敬瑭於天福元年（936）十一月入洛陽，滅後唐，遂即謀徙都大梁，桑維漢曰：

　　　　大梁北控燕、趙，南通江、淮，水陸都會，資用富饒⋯⋯

故石敬瑭「托以洛陽漕運有闕，東巡汴州」。四月丙戌達汴州。至天福二年（937）七月，

　　　　詔東都留守司百官悉赴行在。

該條胡注云：

　　　　洛都留司百官得赴行在，自是遂定都大梁。

　　　　天福三年（938）

　　　　帝以大梁舟車所會，便于漕運⋯⋯建東京於汴州。

同年十月：

太常奏：今建東京，而宗廟、社稷皆在西京（洛陽），請遷主大
梁。[24]

由上所述，可見因後晉定都大梁，而大梁既為皇帝、宗廟、社稷所
在，即應可代表這一王朝，故在本卷中，「繼統旅幢左（佐）大梁」之
「佐大梁」，即表示歸義軍曹氏效忠於後晉，願作輔佐後晉之臣。

綜上所考，可見《破魔變》作於曹元深任歸義軍節度使時期，並
可推定在曹元深稱「僕射」、「司徒」時，而在曹元深稱「太傅」之前。
「府主僕射」、「府主司徒」即指曹元深。現存之文獻及敦煌文書，莫高
窟供養人題名中雖不見元深稱僕射的記載，但僅據《破魔變》及曹議
金、曹元忠的稱號，可推斷曹元深始立，曾一度自稱「僕射」，後又改
稱「司徒」。「國母聖天公主」是指曹議金之未亡人，即回鶻聖天可汗
之女。因曹氏欲結好甘州回鶻，故「聖天公主」位最崇，是故曹元深
在營建第 22 窟時，將「聖天公主」像列為東壁門南側第一位，生母廣
平郡君宋氏，反屈居第二位。故在《破魔變》中，列出「國母聖天公
主」，廣平宋氏反遭隱沒。「當今皇帝」是指後晉高祖石敬瑭。「大梁」
本是後晉之東京，「佐大梁」句是指曹元深臣屬於後晉，故表忠心，願
作後晉輔佐之臣。至於「合宅小娘子、郎君」，應指曹元深之子女輩，
或許會包括其兄弟之子女輩。也許根據供養人題名及敦煌文書尚能找
出若干人，但就本札記而言，已屬枝蔓，無須考證，故略去之。

（《魏晉南北朝隋唐史資料》第十三輯，武漢大學出版社 1994 年
版）

24　《資治通鑑》卷二八一，「天福二年」、「天福三年」條。

跋敦煌所出《唐景雲二年張君義勳告》
——兼論「勳告」制度淵源

　　據記載，張大千氏於一九四一年夏，在莫高窟前沙中，無意間發現一麻布袋，內盛有似被刀削去頭頂骨之頭顱一，左腕及右手拇指各一，此外尚有沾糊血跡之紙卷一。紙卷經水浸泡二日後，拆出文書計四件：

　　1.《唐景龍三年九月典洪壁牒為張君義立功第壹等准給公驗事》。本件正面及黏接縫背部蓋有「鹽泊都督府之印」多處，當是正式官文書，非為抄件。又本件「典」下惟殘剩一「壁」字，但參閱後件，知此「壁」字上當闕一「洪」字。

　　2.《唐景龍某年典洪壁牒為張君義立功第貳等准給公驗事》。本件正面蓋有「渠黎州之印」多處，當亦是正式官文書，非為抄件。又本件紀年殘缺，但據考事當在景龍年間，且本件書法與上件類似，作牒之典亦為洪壁，故年代相去亦必不遠。

　　3.《唐景龍某年典張旦牒為傔從張君義等乘驛馬事》。本件蓋有「四鎮經略使之印」多處，當亦是正式官文書，非為抄件。

4.《唐景雲二年張君義勳告》。本件是抄件，然前三件皆殘甚，唯本件較為完整。

以上四件文書，前三件今歸日本天理圖書館收藏，張大千氏獲得此麻布袋後所作題跋亦並藏之。惟第四件及頭、腕、拇指等今收藏於中國敦煌文物研究所。[1]

張大千氏根據上述文書及殘骸，認為張君義被敵戕殺後，從者將其殘骸之頭手等及立功之狀，先盛於囊內埋葬，後改葬至今地。此說甚是。據《衛公兵法》云：

諸兵士死亡祭埋之禮，祭不必備以牲牢，埋不必備以棺槨。務令權宜，輕重折衷。如賊境死者，單酌祭酹，墓深四尺，主將使人臨哭；內地非賊庭死者，准前祭哭，遞送本貫。[2]

據張君義勳告，張本貫沙州敦煌縣。頭頂骨被削去，又只剩左手腕及右手拇指，當是戰死沙場無疑。按軍令：「不必備以棺槨，務令權宜折衷」，故只摭拾其人數片殘骸，以麻袋囊盛，「遞送本貫」。據告身，張本「白丁」，從軍為傔人，家中必不富裕。生前所得勳官，不過為比正第六品上階之驍騎尉[3]，故遞歸本貫後，亦無條件「備以棺槨」，仍以囊盛葬。至於究因何故落於莫高窟前沙丘中，則今尚不得而知。

據吐魯番發掘之唐氾德達、郭毡丑、張無價諸墓情況觀之，凡生

1　承池田溫氏寄贈大庭脩：《關於敦煌發現的張君義文書》，載日本《文獻》二十（1961年10月），始獲見有關張大千發現經過及有關情況。此外，筆者尚承敦煌文研所常書鴻、段文傑、史葦湘、施萍婷諸先生多次作過介紹，並志謝於此。

2　《通典》卷一四九《兵典二·雜教令》附引《大唐衛公李靖兵法》；又參見《唐律疏議》。

3　《大唐六典》卷二「尚書吏部司勳郎中員外郎」條。《舊唐書》卷四二《職官一》。

前因立戰功而得勳官者，死後皆將告身抄錄一通，附葬於墓內，原件當留於其後人手中。張君義生前亦曾得勳官驍騎尉，故亦有抄錄之告身附葬。另兩件立功之「公驗」，雖是正式官文書，然本非「告身」，故原件亦作隨身之物葬入。另件為給乘驛馬之牒，亦作為與死者生前有關之物，死後隨葬。類似此種情況，在吐魯番發掘之唐墓中，亦常有之。

一

告身之制，淵源不明，據後漢劉熙所云：

上敕下曰告。告，覺也，使覺悟知己意也。[4]

但此處之「告」，尚是「諭告」之意，亦即：

誥者，告也。言佈告王者之令，使四方聞之。

但後來「告」字衍義，成為「告身」。

今言告身，受其告令也。[5]

4　王先謙：《釋名疏證補》卷六《釋書契》第十九。

5　參見唐蘇鶚《蘇氏演義》卷下，商務印書館 1956 年版。

故以後：

> 所以命官授職，皆為誥。[6]

由是觀之，「告身」之意應是一方面使受者知授與者之「意」；另一方面又是「使四方聞之」。故既有「任命書」之意，又包含「身分證明書」之意。事實上，這兩方面的含義是不可分割的。在唐代，不僅「命官授職」有告身，因立戰功而授勳，亦云「告身」。

關於唐代告身制度，白化文、倪平二位先生的《唐代的告身》一文已作了詳盡的研究，並推論自周、隋以來已見「告身」之史實[7]，其說甚是。我們今天不僅能看到若干傳世及出土的各種「告身」（包括石刻、紙質），也能在敦煌石室所出之唐公式令中看到唐代的告身式。[8]據此可見，各種「告身」的文書格式皆據所授官之品級之不同而異，故有冊授、制授、旨授、敕授之別，白、倪二位先生已有詳證。但若就其授受之緣由而論，則至少有「命官授職」及因立戰功而授勳的區別，因而「告身」這種官文書的分類，還應據其授受的緣由之不同而再作區分。事實上，在唐代的法律中，在官府的行文術語中，甚至民間習慣的稱謂上，皆有區別。據《唐律疏議》卷二《名例二》，「官當」門，「其有二官」條腳注云：

> 謂職事官、散官、衛官同為一官，勳官為一官。

6　《事物紀原》卷二《公式‧姓諱部第八》。

7　載《文物》1977年第十一期。北齊亦有「告身」，見《通典》卷二三「兵部尚書」條。

8　仁井田陞：《唐令拾遺‧公式令第二十一》。

該條疏議云：

　　謂職事官、散官、衛官計階等者，既相因而得，故同為一官；其勳官從勳加授，故別為一官。

既然唐律中已嚴格區分為「二官」，當然其「告身」亦應有別。因「命官授職」所得，應稱之為官告（白、倪二位先生文中已有論述），那麼，因戰功授勳所得，理應稱之為「勳告」。根據吐魯番出土之唐開元九年官文書所記：

　　兵曹符為追邵忠禮等並勳告及身限符到當日赴州事。[9]

可見官文書中已有「勳告」之名。敦煌石室所出之《燕子賦》記雀兒自稱其有戰功：

　　蒙授上柱國勳，見有勳告數通。[10]

上柱國為勳之第十二轉，為比正第二品[11]，據唐制，應屬冊授。然賦中不云「見有冊授告身數通」，而云「勳告」，亦必有如以上之緣由。在唐代，正因「告身」之授之原因不同而有不同之規定。「官告」在去官之後，當要收繳，所謂「除名仍解官，告身奪入案」[12]。但作為「勳

9　池田溫：《中國古代籍帳研究》「唐開元九年正月西州岸頭府到來符帖目」，第357頁。
10　《敦煌變文集》卷下。
11　《大唐六典》卷二「尚書吏部司勳郎中員外郎」條。《舊唐書》卷四二《職官一》。
12　劉復：《敦煌掇瑣》卷三○五《言白話詩》。

告」，即使兵士已返歸故里，亦尤其自己永存。此外，在「用蔭」上，勳官亦不同於職事官及散官。[13]

唐代的「告身式」已是相當謹嚴、完備的一種公文程式。周、隋雖見有「告身」的記載，但未知其公文程式。北周武帝遣韋孝寬招降齊行台右僕射傅伏：

授上大將軍、武鄉郡開國公，即給告身。[14]

按北周之「郡公」為正九命之封爵[15]，而上大將軍則為正九命之勳官[16]，則後者必為「勳告」無疑。但北周之勳告又何所承襲，其淵源頗值得研究。

東晉南北朝時期，皆行「勳簿」、「勳書」之制。南齊虞玩之在論及勳簿之詐偽時云：

尋蘇峻平後，庾亮就溫嶠求勳簿，而嶠不與，以為陶侃所上，多非實錄。[17]

蘇峻、祖約之亂，事見《晉書》紀傳。時庾亮、溫嶠共推陶侃為盟主以討之[18]，及亂平，庾亮欲取悅陶侃，故索取其所上「勳簿」，欲據之

13　《唐會要》卷八一《用蔭》「景龍二年七月」條。

14　《北齊書》卷四一《傅伏傳》。

15　王仲犖：《北週六典》卷九《封爵第十九》。

16　王仲犖：《北週六典》卷九《封爵第二十》。

17　《南齊書》卷三四《虞玩之傳》，第 609 頁。

18　《晉書》卷六六《陶侃傳》，卷七三《庾亮傳》。

以論功行賞。可見東晉之制，乃由統兵主將上所部立功之勳簿，朝廷再據之以行賞。劉宋之世，亦置勳簿，宋明帝使蕭惠基使蜀平亂：

惠基西使千餘部曲，並欲論功，惠基毀除勳簿，競無所用。[19]

此事表明，劉宋時期之「勳簿」一同東晉。但也表明這種「勳簿」系統兵將領所製作的一種登記簿之類，在軍中並不發給立功將士以為某種立功憑證，故勳簿一毀，則無從論功行賞，所以「競無所用」。劉宋之世，在某種特殊情況下，亦將依戰功定「勳階」的權力交給某些大臣。據史籍記載：

司徒建安王休仁南討義嘉賊，屯鵲尾，遣（褚）淵詣軍，選將帥以下勳階得自專決。[20]

此「義嘉賊」當指建元「義嘉」之劉宋宗室江州刺史晉安王子勳。[21]時宋明帝剛立，「四郊多壘」[22]，為激勵將士效命，故有此舉。當時北魏，據蕭宗朝盧同所云，亦有「勳簿」、「勳書」之制。這種「勳簿」，「唯列姓名，不載本屬」[23]。當然除了列上姓名，還應該記錄所立戰功，否則無從據之定階行賞。至於所謂「本屬」，即指其籍貫，因是戰功，故由五兵尚書下之中兵郎中具體掌管。盧同在講到北魏舊制時，語焉不

19　《南齊書》卷四六《蕭惠基傳》，第810頁。

20　《南齊書》卷二三《褚淵傳》，第425頁。

21　《宋書》卷八〇《孝武十四王‧晉安王子勳傳》，第2059頁。

22　《南齊書》卷二三《褚淵傳》。

23　《魏書》卷七六《盧同傳》。

詳，但反覆揣摩，似亦同東晉南朝之制，由統軍將領列上，然後奏申朝廷，此即所謂「奏案」。再根據皇帝批准的「奏案」，製作「勳簿」，一式二份，一留中兵，一送吏部。

這種「勳簿」顯而易見，還是非常簡陋的，因此極易作偽。盧同說：

吏部勳簿，多皆改換。乃校中兵奏按，並復乖舛。臣聊爾揀練，已得三百余人，明知隱而未露者，動有千數……頃來非但偷階冒名，改換勳簿而已，或一階再取，或易名受級，凡如此者，其人不少。良由吏部無簿，防塞失方。何者？吏部加階之後，簿不注記，緣此之故，易生僥倖。[24]

這裡盧同講的是北魏末年肅宗朝的情況，事實上，在東晉南朝也同樣存在這種情況，前所引溫嶠認為陶侃所上「勳簿」，多非實錄。又虞玩之也講到：

自孝建已來，入勳者眾，其中操干戈衛社稷者，三分殆無一焉。勳簿所領，而詐注辭籍，浮游世要，非官長所拘錄，復為不少……尋物之懷私，無世不有，宋末落紐，此巧尤多。[25]

因此，到了梁朝，已是「勳非即戎，官以賄就」了。[26]

這種作偽現象的普遍存在，當然首先是由於政治上的腐敗、官吏

24　《魏書》卷七六《盧同傳》，第1682頁。

25　《南齊書》卷三四《虞玩之傳》，第609頁。

26　《梁書》卷四九《鍾嶸傳》。

的舞弊所造成的，但制度本身的缺陷，無疑也為作偽大開方便之門。
盧同針對北魏肅宗世「朝政稍衰，人多竊冒軍功」，舊制「勳簿」本身
又多缺陷的情況，提出了改革建議，即以黃素為簿，具注官名、戶屬
及吏部換勳之法，從三方面進行制度改革。

　　第一，在清查舊勳簿的基礎上，建立起新的「黃素勳簿」。盧同
云：

　　請遣一都令史與令僕省事各一人，總集吏部、中兵二局勳簿，對
勾奏按。若名級相應者，即于黃素楷書大字，具件階級數，令本曹尚
書以朱印印之。明造兩通，一關吏部，一留兵局，與奏按對掌。進則
防揩洗之偽，退則無改易之理。

這裡首先是將吏部、中兵所掌之「勳簿」與原「奏按」覆核，以去偽
存真，大約當以「奏按」為準。若是三份之姓名與勳賞級別皆相符合
者，是為真實，即於「黃素」上楷書大字，寫明戰功之勳階，再以「五
兵尚書」之朱印印之。所謂「素」者，本為未染色的絲綢，今以制「勳
簿」，染成黃色，故名之曰「黃素勳簿」，以別於舊時之勳簿。造成之
後，仍是一式二份，一留中兵，與「奏按」同時保存；另一份則關吏
部。「關」者，「關通其事」[27]，乃同級機構間相互行文之名稱。這樣，
中兵所掌之「奏按」及「黃素勳簿」，與吏部所掌之「黃素勳簿」，相
互監督，就可防止「揩洗」、「改易」等作偽手段了。

　　第二，增加「勳簿」記錄項目，以防過簡，僅記錄姓名，「致令竊

27　《大唐六典》卷一「尚書都省」條：「諸司自相質問，其義有三，曰：關、刺、移。」
　　注云：「關謂關通其事，刺謂刺舉之，移謂移其事於他司，移則通判之官皆連署。」

濫之徒，輕為苟且」。

　　今請征職白民，具列本州、郡、縣、三長之所；其實官正職者，亦列名貫，別錄歷階。仰本軍印記其上，然後印縫，各上所司，統將、都督並皆印記，然後列上行台，行台關太尉，太尉檢練精實，乃始關刺省重究括，然後奏申。

這裡所講，是指如何建立新的「黃素勳簿」。得勳者，無論是「征職」（當即有官職者），或是「白民」（猶唐之「白丁」），除登錄姓名之外，還應「具列本州、郡、縣、三長之所」。「三長」之制，魏孝文帝改革時所定[28]，今除見於文獻記載外，已無實物可見。唯敦煌石室所出《西魏大統十三年計帳》所記，猶可窺見其制度之一斑。如戶主王皮亂戶內女丑婢名下註：

　　出嫁效槳（谷）縣研（斛）斯己奴黨王奴子。[29]

大約北魏「黃素勳簿」所記貫屬應是×州×郡×縣××黨，與此類同。

　　以上兩點，在唐代的告身中就可見到，如張君義勳告中記載：

　　沙州張君義　敦煌縣

又「實官正職者，亦列名貫，別錄歷階」的制度，在唐代公式令中所

28　《魏書》卷一一○《食貨志》。
29　《敦煌資料》第一輯。

見告身式亦有規定：

　　若有勳、官、封及別兼帶者，云某官及勳、官、封如故。[30]

由此可見，唐代的「告身」格式，實與北魏盧同改制存在著淵源關係。

　　值得注意的是：盧同首先明確提出了「黃素勳簿」的製作過程，即先由「軍」一級開列名單，詳細註明籍貫（當然也應註明所立戰功及得勳等級）；然後，「仰本軍印記其上」，包括黏縫處亦加印記，以防塗改、更換作偽；再送上「所司」，統將、都督並皆印記；再送行尚書檯，由行台關太尉，太尉則有「檢練精實」之責；再關刺五兵尚書「重究括」，然後奏申皇帝；奏按經批准後，據之以造「黃素勳簿」，加蓋「本曹尚書」之朱印。「明造兩通，一關吏部，一留兵局，與奏按對掌。」據此，我們可以將「勳簿」製作過程及各部門之職責，列表如下：

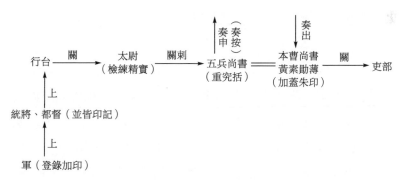

　　上表所列在制定「勳簿」的過程中，所歷機構不少，但實際上，關鍵是「本軍」的「登錄加印」、太尉的「檢練精實」，五兵尚書奏申

30　仁井田陞：《唐令拾遺・公式令第二十一》。

前的「重究括」與奏出後的「黃素勳簿加印」。

第三，規定吏部如何進行「敘階」及管理辦法。

自今敘階之後，名簿具注加補日月，尚書印記，然後付曹。郎中別作抄目，印記一如尚書，郎中自掌，遞代相付。

這就是說，吏部接到五兵尚書所關的「黃素勳簿」之後，就據之「敘階」，並在「名簿」（即勳簿）上註明「加補」（即加階補職）的日月，加蓋吏部尚書的印記，然後付曹（當指吏部郎曹）。郎中又另作「抄目」（即所收文牒事由提要登錄），亦加印記。此「勳簿」及「抄目」由郎中負責保管，郎中調職時，要移交給下一任。這是為了避免「一階再取」、「易名受級」。

以上是盧同的三項改革要點，《魏書》稱「詔從之」，可見是實行過的。但盧同認為「黃素勳簿，政（正）可粗止奸偽，然在軍虛詐，猶未可盡」，因而又提出建議：

請自今在軍閱簿之日，行臺、軍司、監軍、都督各明立文按，處處記之。斬首成一階已上，即令給券。一紙之上，當中大書起行臺、統軍位號，勳人甲乙。斬三賊及被傷成階已上，亦具書于券。各盡一行，當行豎裂。其券前後皆起年號日月，破某處陳（陣），某官某勳，印記為驗。一支付勳人，一支付行臺。記至京，即送門下，別函守錄……諸有勳簿已經奏賞者，即廣下遠近，云某處勳判，咸令知聞。

盧同所說的券是「當中大書……各盡一行，當行豎裂」，一付勳人，一付行台。這種形制，實本於古代借貸、賣買契券。後漢劉熙云：

券，綣也。相約束繾綣以為限也。

莿，別也，大書中央，中破別之也。[31]

這種由軍中給予勳人的「勳券」，無論在東晉或南朝都沒有見到過；在北魏也是從盧同提出建議以後才有此制度。這種作為立功憑證的券，除了記載立功者的姓名，所在部隊隸屬之行臺、統軍的位號以外，還有若干新的、重要的規定：

首先，要書明在何地作戰，即「破某處陳（陣）」。這點，在張君義的隨葬文書中就可看到。如其景龍三年九月立功「公驗」即記有破「連山陣」、「臨崖陣」、「白寺城陣」、「□城陣」、「仏陀城陣」、「河曲陣」、「故城陣」、「臨橋陣」。不但「公驗」中有此項記載，唐代的「勳告」中也同樣要記明在何地作戰。如吐魯番所出《唐永淳元年氾德達勳告》中云：

破句淚城陣，加一轉。鎮城陣□□[32]

又如《唐開元四年李慈藝勳告》亦記有：

瀚海軍破河西陣、白澗陣、土山陣、五里堠陣、東胡袄陣[33]

無疑，唐代的立功「公驗」及「勳告」在「破某處陣」這一項內容上，是承襲了北魏末期的制度的。

31　王先謙：《釋名疏證補》卷六《釋書契》第十九。

32　衛江：《碎葉是中國唐代西部重鎮》，載《文物》1975 午第八期。

33　參見王國維《觀堂集林・附別集》卷一七，中華書局 1959 年版，第 877 頁。

　　其次，要書明具體的戰功，即所謂「斬首成一階已上，即令給券」。關於北魏如何計階的具體規定，不甚清楚，但盧同下文又說，「斬三賊首及被傷成階已上，亦具書於券」，則似是斬三首即得一階。至於被傷成階，據熙平二年五月辛酉詔云：

　　　　身被三創，賞一階；雖一創而四體廢落者，亦同此賞。[34]

按盧同本傳，同於熙平初「轉左丞，加征虜將軍」，而其建議改制則敘於此後；《通鑑》則將盧同建議置於天監十六年（即北魏熙平二年，西元五一七年）正月甲戌之後，二月丁未之前[35]，未知所據。依《通鑑》所記，則盧同改制與此次賞格之頒布，約略同時，未知其間是否有連繫。但據此可知，北魏實有根據受傷程度之不同而得勳階的制度。至於唐代，則有所謂「牢城苦鬥」、「破城陣」、「殺獲」、「跳盪」等功，又各有等第，皆需注入「勳告」，然後據之以定「轉」。[36]唐代具體規定雖與北魏有所不同，但要註明戰功及其等第，應是繼承北魏之制。在張君義的隨葬文書中，我們就可看到這一點。

　　其三，此種「勳券」，要「一支付勳人，一支付行臺」。過去，只有「勳簿」，立功者本人並無執證，故劉宋時蕭惠基將「勳簿」毀除之後，求勳者就「競無所用」。盧同改制前之北魏亦只有勳簿，經盧同再次改制，始在軍中即給「勳券」。我們看到的張君義隨葬文書中的兩份立功「公驗」，即是此種性質。關於「公驗」，日本大庭脩氏文中已有

34　《魏書》卷九《肅宗紀》，第225頁。

35　《資治通鑑》卷一四八「梁武帝天監十六年」。

36　《大唐六典》卷五「尚書兵部郎中員外郎條」。

詳考。[37]據《唐律疏議》卷二六《雜律》上「犯夜」條議云：

但公家之事須行，及私家吉凶疾病之類，皆須得本縣或本坊文牒，然始合行。若不得公驗，雖復無罪，街鋪之人，不合許過。

由此可見，官府文牒，同時亦可稱為「公驗」。「驗」字本有證據、憑證之意，所謂「何以為驗」[38]即此。官府文牒具有法律效力，故可稱為「公驗」。張君義之景龍某年立功「公驗」記：

7.牒得牒稱□□□□叛圍繞安西，道路隔絕。君
8.義等不顧微命，遂投□□□□使突圍，救援府
9.城，共賊苦□□陣，先□□□□訂件等陣當
10.□使對定□功第貳等訖。恐後無有憑準，
11.請給公驗。請裁者依檢□□□□使注如前者

又另件景龍三年立功「公驗」記：

13.□□件蒙□□□功第壹等。于後恐無
14.憑準，請給公驗□□□裁者件檢如前
15.並准狀各牒□□□狀牒□任為
16.公驗故牒[39]

37　大庭脩：《關於敦煌發現的張君義文書》。

38　《史記》卷三九《晉世家》。

39　此公驗，大庭脩氏已作了詳考，尚有若干，擬另文討論，本文從略。

前件蓋有「渠黎州之印」，後件蓋有「鹽泊都督府之印」。由此可見，在唐代軍中，將士作戰立功之後，軍隊在尚未得到兵部郎中發給「勳告」之前，要發給「公驗」以為日後憑準。這種「公驗」，就是由軍中典吏所發給的文牒。「公驗」中所載事項，若與盧同之創製相比較，我們可以看到許多類同之處。

　　據記載，盧同的兩次建議改制，皆得批准執行，唐代軍中發給「公驗」以及「勳告」制度，其淵源無疑可以追溯到這裡。而其間的過渡形態則應是北周創立的「勳官」制度。《舊唐書・職官志》云：

　　勳官者，出于周齊交戰之際，本以酬戰士，其後漸及朝流，階、爵之外，更為節級。[40]

隋、唐承襲北周，唐之勳官給告身之制，亦始見於北周時。[41]

　　這裡值得注意的是，張君義的兩件「公驗」皆在景龍年間，一為「立功第壹等」，一為「立功第貳等」。據唐制：

　　謂軍士戰功之等級，若牢城苦戰第一等，酬勳三轉；第二、第三等，差減一轉。凡破城陣，以少擊多為上陣，數略相當為中陣，以多擊少為下陣。轉倍以上為多少，常據賊數以十分率之，殺獲四分已上為上獲，二分已上為中獲，一分已上為下獲。凡上陣上獲第一等，酬勳五轉；上陣中獲、中陣上獲第一等，酬勳四轉；上陣下獲、中陣中獲、下陣上獲第一等，酬勳三轉。其第二、第三等，各遞降一轉。中

40　《舊唐書》卷四二《職官志一》，第 1807 頁。

41　見前引《北齊書・傳伏傳》。

陣下獲、下陣中獲第一等，酬勳兩轉；第二、第三等並下陣下獲，各
酬勳一轉。[42]

觀張君義此二「公驗」，景龍三年「公驗」云破「連山陣」等；另件景
龍某年「公驗」云破「蓿園陣」、「磧內陣」、「城西蓮花寺東澗陣」……
可知皆為「破城陣」功。因「公驗」殘缺，不知此若干陣屬於上、中、
下何種等級，亦不知其殺獲之分，然僅據最低之「下陣中獲第一等」，
猶應酬勳二轉，其立第二等功，最低亦應酬勳一轉。如是，則兩次所
得勳共計三轉，然只見關於破此等陣之正式「公驗」，而未見有授與勳
告之痕跡。景雲二年勳告之抄件，又未見有關於其事之「公驗」，或者
因景雲二年為鎮戍士兵普皆加勳，不同於破陣立功後即給「公驗」，故
無之。又據景雲二年勳告，張君義得勳四轉，故授勳官驍騎尉[43]，實未
計入前所立勳之轉數。據玄宗開元十七年十月敕云：

　　諸敘勳應加轉者，皆於勳官上加……司勳格：加累勳須其小勳攤
銜送中書省及門下省勘會，並注毀小勳甲，然許累加。[44]

若是，則此前並無加轉敘勳之制，只是到了開元年間始定此制。我們
看到吐魯番出土的氾德達兩份告身，一為永淳元年所得比從六品之飛
騎尉勳告[45]；一為武周延載元年又得勳七轉，授比從四品之輕車都尉勳

42　《大唐六典》卷五「尚書兵部郎中員外郎」條，第124頁。

43　《大唐六典》卷二「尚書司勳郎中員外郎」條，第44頁。

44　《唐會要》卷八一《勳》。

45　載《文物》1975年第八期，第9頁圖版。

告[46]。很顯然，氾的第二次授勳，並未將第一次所授之轉數「累加」入內，從而表明，在開元之前，普遍未有「累加」之制。

通過以上分析，我們可以看到，無論東晉、南朝或是北魏，都行用過「勳簿」的制度。而到了北魏末期，盧同進行改革，又創立了「黃素勳簿」和「勳券」之制，北周的勳官告身應與之有關。而唐代由軍中給予的立功憑證——「公驗」，無疑是北魏勳券制度的發展，它們無論在作用上、還是在記載內容上都有頗多類似之處；唐代的勳告，從記載內容上看，亦類似於北魏之「勳券」。故唐代之勳告制度，實有其久遠的歷史淵源。

同時，我們還見到隋唐以來，命官授職不再採用東晉南朝時的版授之制而採用告身，疑亦當是受了勳告制度的影響，故唐代「官告」與「勳告」並無格式上的區別，而只有因品級之不同而有冊授、制授、旨授、敕授之別了。

二

張君義隨葬四件文書中，兩件「公驗」及一件乘驛文牒，雖均為官府正式文書，但殘缺較多；其《景雲二年張君義勳告》，雖為抄件，然較完整，雖有殘缺漫漬之處，尚無礙於大體。此件文書的珍貴之處，除了可藉以研究唐代告身制度、團甲制度之外，還在於它為我們

---

46 載《文物》1975年第八期，第8頁圖版。

提供了同甲授勳的二六三個人名及其貫屬[47]，可以透過對其姓氏貫屬的分析，看到中國各族人民為鞏固中國統一所做的貢獻。本件原文已見中外著錄[48]，此處僅就有關部分，略作考釋。

告身云：

1.安西鎮守軍鎮，起神龍元年十月，至□□□□□□□，至景龍元年十月貳

2.週年，至二年十月參週年，至三年十月 肆 周 。五月廿七日敕

3.磧西諸軍兵募。在鎮多年，宜令□□□酬勳。又準久視元年六

4.月廿八日　敕，年別 酬 勳 壹轉，總□□

5.傔白丁沙州張君義　敦煌 縣 （下殘）

6.右驍騎尉

此告身所授之勳，非如《唐六典》中所云因戰功斬獲所得，乃是多年征戍辛勞之酬，故引別敕述授勳事宜，可惜這「五月廿七日敕」及「久視元年六月廿八日敕」均不可得見，只知道有征戍一年酬勳一轉的規定。然則這批和張君義一道授勳的戰士共有幾年征戍時間，告身此處有殘缺。但據上下文推斷，原文應為：

起神龍元年十月，至二年十月壹週年，至景龍元年十月貳週年，

47　吐魯番所出汜德達、郭毡丑、張無價等告身，於同甲授勳人員皆略去，惟留甲頭之名。《李慈藝告身》（王國維《觀堂集林》）雖經拼合，然殘缺過甚，所保存之人名不多。本件為迄今所見保存較為完整之紙質勳告身。關於團甲制度，王國維氏已於《跋李慈藝告身》一文中加以論述。

48　參見大庭脩《唐告身的文書學研究》，載《敦煌吐魯番社會經濟資料》（下）。

至二年十月參週年，至三年十月肆週年。

何以計算年勞皆以十月為起止，據唐軍防令：

防人番代，皆十月一日交代。[49]

是故，計算征戍年數，皆以每年十月為始。然自神龍元年（705）十月至授勳之景雲二年（711）二月，已有七個年頭，五週年以上，而計勞只及於景龍三年十月，下距景雲二年，尚有兩年之譜。其所以有此差數，當是由於申報、覆核、批准等手續繁多所稽延，又或是這批防人已於景龍三年十月下番，而張君義以身為儁從之故，仍續留軍中，終於戰死沙場。總之，張君義以白丁從軍，因年勞得勳四轉，授驍騎尉，正相符合。然其因破陣立功兩次，共計三轉以上則未計算在內，僅以「公驗」隨身，歸葬黃沙。又據史載，自高宗咸亨已後，「戰士授勳者動盈萬計」，分番應役「有類僮僕，據令乃與公卿齊班，論實在於胥吏之下，蓋以其猥多，又出自兵卒，所以然也」[50]。是故，君義戰死歸葬，殘骸猶不得一片棺木，僅以麻囊盛葬，可為嘆息。

從同甲授勳之二六三人貫屬考察，可以略知當時磧西諸軍兵募之地域分布及民族成分。本件雖有多處殘損、漫漶，然經考訂，可辨識者猶為不少。筆者早在一九七四年，即已據本件照片進行辨識。後於一九八〇年赴敦煌文物研究所學習參觀，復承施萍婷先生出示原件，又幫助改正釋文之誤，始得糾謬補闕。今見菊池英夫先生所著《盛唐

49　參見仁井田陞《唐令拾遺・軍防令第十六》，第387頁。
50　《舊唐書》卷四二《職官一》。

的河西與敦煌》一節[51]，知菊池氏已為此告身作「加勳者的出身地」一表，所見大同小異，同者無庸贅述，今僅就其小異者論之。

菊池氏表	筆者試釋
行 9 州名缺	契州
行 15 州名缺	甘州
行 21 作疆州	鹽州
行 44 作素州	松州
行 53 作冀州	莫州
行 56 作帝州	歸州

根據菊池氏所作表，當時磧西四鎮戰士籍貫，首先是關內道，以下依次為隴西、河南、河北、河東、江南東、江南西、劍南諸道。按中宗神龍元年赦文：

> 天下軍鎮……其應支兵，先取當土及側近人，仍隨地配割，分州定數，年滿差替，各出本州，永為格例，不得踰越。[52]

但從告身所見，磧西鎮兵不僅有來自中原地區者，更有遠自江南之洪州、潤州、婺州，及在今四川境內之昌州、湖北境內之歸州者。其出於西北地區者尚少於關中各地，可見赦文所規定的「當土側近」的原則，實為虛文。

51　參見榎一雄主編《敦煌的歷史》，日本大東出版社 1980 年版。

52　《唐大詔令集》卷二《中宗即位赦文》。

又分析告身所列勳人姓名貫屬，我們可以看到，除了大量漢族以外，尚有不少東北、西北地區的兄弟民族。如：

龜茲白野那。龜茲為安西都護府治所，又為四鎮之一。而「西域白氏，本龜茲族，原居白山，以山為氏」[53]。此為龜茲族人姓白者參加磧西四鎮征戍軍隊之實證。

玄州屈去住。玄州為唐太宗貞觀二十年「以（契丹奚部）紇主曲據部落置，僑治范陽之魯泊村」[54]。契丹有「奚首領屈突於」，屈突氏本庫莫奚，北魏太和十九年孝文帝改為屈氏。[55]可知屈去住為契丹之奚部人。

慎州李噎塞等九人。慎州乃唐高祖武德初以涷沫靺鞨烏素固部落置，隸營州。神龍初，隸幽州[56]，僑治良鄉之故都鄉城[57]。靺鞨李姓，得自唐賜，大將李謹行、李多祚、李懷光等皆靺鞨族[58]，故李噎塞必為靺鞨族無疑。其餘八人雖不知姓名，但唐置羈縻州，本依部落設置，並未割漢族以隸屬之，故仍可推斷其均為靺鞨族人。

夷賓州莫失。夷賓州乃唐高宗乾封中於營州界內置，以處靺鞨愁思嶺部落[59]，僑治良鄉之古廣陽城[60]。而莫姓據姚薇元先生考證，北魏時有東部未耐婁大人倍斤入居遼東。魏孝文帝吊比干文碑陰有「監御令臣河南郡莫耐婁悅」，據碑誌，未耐婁應正作莫耐婁。《魏書·官氏

53　姚薇元：《北朝胡姓考·外篇第九》「西域諸姓白氏」。

54　《新唐書》卷四三下；又《舊唐書》卷三九云：「隋開皇初置，處契丹李去閭部落。」

55　《北朝胡姓考·內篇第九》「內入諸姓屈氏」條。

56　《舊唐書》卷三九。

57　《新唐書》卷四三下。

58　《北朝胡姓考·外篇第四》「高車諸姓李氏條末附各族賜姓李氏者」。

59　《舊唐書》卷三九。

60　《新唐書》卷四三下。

志》稱：「莫那婁氏，後改為莫氏。」莫那婁即莫耐婁[61]，靺鞨族亦原居遼東，隋末內遷，可見莫失仍為靺鞨族人。

同州鉗耳思簡。鉗耳乃「西羌虔人種」，後漢安帝元初四年（117），「西河虔人種羌萬一千口降漢」。符秦時，其和戎一部居於同州之馮翊郡。北魏時「馮翊古城」為「羌魏兩民之交」，其時有王遇者，本姓鉗耳，即馮翊羌人。[62]可知鉗耳思簡當為居於同州之西羌虔人種，然其人或漢化已深。

含州安神慶、依州曹飯陀、魯州康□、契州康丑胡。據《元和郡縣圖志》，唐高宗「調露元年，於靈州南界置魯、麗、含、塞、依、契等六州，以處突闕降戶，時人謂之六胡州」[63]。可知此六州之設，為安置東突闕之降附者，即所謂歸朝者。但上列諸人之姓有康、安、曹之屬，本皆胡姓。又史稱開元九年六州胡首領有康待賓、安慕容等叛亂[64]，而玄宗朝黃幡綽譏西院歌人，見「貌稍胡者」，則訾詬之為「康大賓阿妹」[65]，可見六胡州康姓者皆為胡人。又貞觀元年，代州都督張公謹言東突厥可取之狀云：

　　頡利疏其突厥，親委諸胡，胡人翻覆，是其常性，大軍一臨，內必生變。[66]

61　《北朝胡姓考·內篇第三》「內入諸姓莫氏」條。

62　《北朝胡姓考·外篇第五》「西羌諸姓王氏」條。

63　李吉甫：《元和郡縣圖志》卷四「關內道新宥州」條。

64　《舊唐書》卷八《玄宗紀上》。

65　崔令欽撰，任半塘箋定：《教坊記·教坊制度與人事》「唱歌」條。

66　《舊唐書》卷六八《張公謹傳》。

向達先生據顏真卿《夏州都督康公神道碑》稱,「公諱阿義屈達干。姓康氏,柳城人,其先世為北蕃十二姓之貴種」,疑其先世俱為臣屬突厥之康部落人。[67]由是觀之,東突厥強盛時,曾隸屬不少中亞胡人。高宗時設置之六胡州,名為安置突厥降戶,實際即為安置此種臣屬於突厥之胡人,故時人稱之為胡州。如是,則上列諸受勳人,蓋皆先世歸附突厥之昭武九姓胡,今則應募而成為鎮守磧西之戰士。

波斯沙缽那二人。波斯,今之伊朗。隋唐之際,其人或自陸路,經今新疆而入居中國;或自海道,由廣州或揚州而入處內地,多經營商業。唐高宗之世,因大食侵逼,波斯王卑路斯入唐避難求援,後高宗派裴行儉、王方翼以兵送卑路斯子泥涅師師歸國。[68]吐魯番出土文書中亦有「送波斯王」的記載,可見當時唐朝與波斯之關係頗為密切。此沙缽那二人或是避大食之侵逼而由陸路轉入安西四鎮轄境,因而應募充當鎮兵,並因征戍多年而獲得授勳。

由以上諸人的姓氏籍貫的分析,可知當時守衛唐朝西北邊防者,實包括中國國內許多兄弟民族,並有少量外籍士兵,他們都為唐朝空前的強盛統一貢獻了力量。也正是由於各族人民的長期共同戰鬥促進了融合,並為唐代前期通往西方的「絲綢之路」的安寧,提供了保障。

（原載《中國古代史論叢》1982 年第三輯,福建人民出版社 1982
年版）

67　向達:《唐代長安與西域文明》,生活・讀書・新知三聯書店 1957 年版,第 15 頁。

68　《舊唐書》卷一九八《波斯傳》及卷八四《裴行儉傳》。

敦煌研究院藏《唐景雲二年張君義勳告》真偽辨

　　一九七四年筆者在新疆整理吐魯番出土文書時，寫氾德達、郭𨖇丑兩告身之釋文與定名時，首先藉助於仁井田陞《唐令拾遺》，然該書所收為職官之「制授」、「敕授」兩告身式[1]，卻與「勳官告身式」不同。後閱王國維《唐李慈藝授勳告身跋》一文[2]，始見王氏考證之精當，更明唐之授勳制度，然該件已殘「同甲」授勳部分。時值為工作便利，將《敦煌吐魯番社會經濟資料》上、下二冊攜至新疆，於該書上冊得見大庭脩《唐代的告身》一文[3]，內收有《張君義勳告》之圖版及錄文，並就該文知，大庭教授尚有《關於敦煌發現的張君義文書》一文，但直到一九七八年，始承池田溫教授寄贈該文複印件[4]閱後方知張大千氏得此文書之原委，並知同時獲得有關張君義的文書共四件，其中三件

1　〔日〕仁井田陞：《唐令拾遺・公式令第二十一》，開明堂 1922 年版，第 559-562 頁。

2　王國維：《觀堂集林》第三冊，中華書局 1959 年版，第 887 頁。

3　日本西域文化研究會編：《敦煌吐魯番社會經濟資料》，法藏館 1959 年版。

4　《天理圖書館報じフリア》NO.20.。

「公驗」今存日本天理圖書館，而「勳告」僅存圖片，原件下落不明。直至一九八〇年十月，於莫高窟承施萍婷女士厚意，始得見原件，若干字的辨識，亦承施女士賜教。後即草撰《跋敦煌所出〈唐景雲二年張君義勳告〉——兼論「勳告」制度淵源》一文[5]，對該告身所涉及之問題作了詳考，並就「勳告」之制始於北魏盧同改革之源流作了考察。

數年前，得榮新江君寄贈王三慶先生《敦煌研究院藏品張大千先生題署的〈景雲二年張君義告身〉》一文[6]，方知此告身經王氏考定，斷為張大千所作偽品。筆者基於過去之研究，於此不敢苟同。今草就此文，用申愚見，以求教於大家。

張大千為一代畫家宗師，其作畫與臨摹，皆已達登峰造極之境界，且國學與佛學功底深厚。故若要作偽晉唐人古畫、寫經等，自是易事，然於社會民間及官府文書，則是張氏之短處。

筆者有幸於南開大學聽過日本敦煌學家藤枝晃教授講學，並陪同至天津藝術博物館鑑賞周叔弢先生所捐贈之敦煌卷子。故知藤枝教授所指出的作偽者，亦皆為寫經，而無一處提及社會文書及官文書。今所知作偽者，皆寫經一類。這顯然是因為佛、道經卷及儒家典籍，自有「本」可依，只要善於模仿古人筆墨，即可作偽。然於後類，書畫家並不悉唐制，復又不知當時官府、民間用語，自然無法作偽。故恐張氏即或作偽，亦必不會舍其所長，而就其所短。

筆者既已撰文考定，不復贅述，今僅就王三慶先生提出之問題，辨析如次。

5　原載《中國古代史論叢》1982 年第三輯，福建人民出版社 1982 年版。收入朱雷《敦煌吐魯番文書論叢》，甘肅人民出版社 2000 年版，第 225 頁。

6　《敦煌學》第十八輯，台北。

（一）唐之勳告式已佚，時已發現之《李慈藝告身》已殘，作偽無本可據

今按，唐之令、式已佚，仁井田陞《唐令拾遺》僅據敦煌所出開元令殘卷，補收制授告身式、奏授告身式。《金石萃編》所收顏真卿書朱巨川告身[7]，與仁井氏所輯唐式令相符，然皆是官告，與將士立有戰功，應得勳官之勳告有異。前引王國維《李慈藝勳告》，因「同甲」授勳人部分已殘，故張大千絕不可能據之恢復唐之勳告式，並據之作出迄今所見最為完整之《張君義勳告》。從而表明即或以張大千之博學與多能，由於無本可依，亦無法作偽勳告。

（二）《唐六典》中，雖有若干立有戰功，加轉授勳之規定，但為泛勳之制。張氏雖復博學，然亦無杜撰兩道加勳敕文之可能

今按：《唐六典》「兵部郎中員外郎」條中，已有「戰功之等級」的具體規定及據此以「記勳」、「加轉」之制。[8]然《張君義勳告》，顯然不屬「戰功」。

1.安西鎮守軍鎮起神龍元年十月，至□□□□□□□，至景龍元年十月貳

2.週年，至二年十月參週年，至三年十月 肆 周 □。□□□□五月廿七日敕

7　王昶：《金石萃編》卷一〇二，中國書店 1985 年版。

8　《大唐六典》卷五，廣池學園事業部 1973 年版。

3.磧西諸軍兵募在鎮多年，宜令□□□酬勳。又準久視元年六

4.月廿八日　敕，年別 酬 勳 壹轉，總□□

這裡所記張君義授勳依據，顯然不是《唐六典》所云之「跳蕩功」、「牢城苦鬥功」、「殺獲功」之類個人戰功，而是援引武周時兩道敕文，普給在軍鎮鎮守多年之兵募，按鎮守年分所給酬勳加轉的泛勳。

此種制度，張大千氏顯然不知，故無法作偽。

（三）「同甲」授勳二百餘人之州貫、姓名，多有艱僻，張氏無法編造

授官與授勳不同，前者為一人一份，後者雖屬一人一勳告，但因行團甲之制，同甲有多名，按唐制令式規定，每一勳告後，需將同甲人之州貫與姓名，書於每份勳告之後，第一人即為甲頭。此等之制，張大千何以得知？何能隨心所欲，任意作偽，而終能符合唐之令式？

王三慶先生還進一步指出《張君義勳告》中：

（除張君義外）其餘人名並無所查考和對應，若就其籍貫，有些人還真是不知來自何方人氏，如含州安神慶……這些州名都非唐代文書上所應出現之州名，則此數人來歷如何，已不無可疑了。

其實筆者舊已考同甲人之州貫與姓氏，據兩《唐書》所記，並及前賢所考，一一作了分析，指出除了因原件抄寫，字有訛誤、原件破損及污染外，所見州名多為「六胡州」等唐所置羈縻州。其姓氏亦可考出，除昭武九姓胡人外，尚有東北之奚、靺鞨等。

張大千氏固博學之人，但既不悉唐之兵制，豈能作偽出「諸軍兵

募」句？須知「兵募」二字聯用，為唐之術語，前者指兵，在當時指府兵制中之衛士，後者之「募」指招募來自衛士之外的諸色人。在唐朝不僅均田民等漢人要服兵役，而且羈縻州之少數民族，雖無折衝府的建立，但其民也依不同方式充當兵士，招募即其一途。

同時，張氏對於地誌及唐之少數民族亦未必有深入瞭解，設若作偽，只要稍加考察，必然破綻百出。

（四）王氏指出與「告身」同出兩件張君義立功公驗有官印，而告身無，故必為張氏作偽

今按：據前引大庭氏文，知同出尚有：

1.《唐景龍三年張君義立功一等公驗》
2.《唐景龍某年張君義立功二等公驗》

前件正面及黏接縫背面蓋有「渠黎州之印」，從而表明此二件，皆是正式官文書。

所謂公驗者，本指凡正式蓋有官印可作憑準之語的泛稱，猶如「過所」亦可稱公驗、驗。

此處兩件公驗，即筆者考勳告制度淵源中所指出北魏盧同改制之規定，凡將士在軍立有戰功，即應當「登錄加印」。張君義之兩件公驗，即體現了唐承北魏之制，在軍還之後，尚要經過多重上級「檢練精實」、「重究括」，方始「奏按」。因此張君義雖未因此而得勳告，但仍將在軍所得立功公驗保存下來。

作為勳告，張君義所得勳官為一驍騎尉，據唐志，為「正第六品

上階」[9]。比照吐魯番出土文書，可知勳官死後，例以勳告抄件隨葬，由於抄寫時省略，例於同甲授勳人抄錄時，只寫甲頭某某下若干人。而原件勳告例留存其後人處，《張君義勳告》亦當尤其後人保存。而抄件最大的特點，亦在於將同甲授勳人全部移錄於抄件中。[10]而王氏既不悉「在陣即給（立功）公驗」及覆核、破勳之制，復又不悉當時死者例以此勳告抄件隨葬而以原件留給子孫之習俗，故有誤解，反認為出於張大千之作偽。

（五）書法拙劣，必非出自張大千之手筆

筆者雖不擅書法，但在二十餘年中，所見西、沙二州晉唐人所書文卷亦頗多。本件勳告書寫，書法亦當屬劣等。且字亦有訛誤，當出於村儒學童之手筆。

張大千氏既有作偽勳告之心，為取得他人認可，以高價出售，勢必仿唐人書法書寫。雖未必如顏真卿之寫朱巨川「官告」，但相去亦必不遠，亦不至出現文字訛誤。

據此，可知《張君義勳告》非張大千氏之作偽。

張大千氏為一代書畫宗師，他一生雖有作偽之污點，但《張君義勳告》絕不是張氏之作偽。有關勳官告身，請參見拙文《跋敦煌所出〈唐景雲二年張君義勳告〉——兼論「勳告」制度淵源》。故本文之作，非僅為張大千氏辯誣，亦是為己而作，以證上文之作，非是據偽，並證敦煌研究院絕不至以偽作入藏。

9　《舊唐書》卷四二《職官一》，中華書局 1975 年版。

10　但同甲授勳人，若一州有數人，亦只抄錄第一人，其下云「第幾人」，看來也有所省略之人名。

（原載敦煌研究院編：《2000 年敦煌學國際學術討論會文集——紀念敦煌藏經洞發現暨敦煌學百年〔1900-2000〕〔歷史文化卷〕》，甘肅民族出版社 2003 年版）

唐長孺師與敦煌文書的整理

　　唐長孺師主持吐魯番出土文書的整理與研究，早已為海內外學術界所知曉。但唐師在二十世紀五〇年代中期，即已關注敦煌文書，在教學中業已引用，並撰寫發表論文，特別是在一九五七年夏，開始著手系統閱讀、分類抄錄敦煌文書則罕有人知。

　　記得一九五七年夏，在給本科生講授隋唐五代史中，講到「均田制」時，就引據敦煌戶籍殘卷中所記「應授」、「已授」及「租調」，指出「均田」雖行，但看來多數授田不足，而「租」、「調」不變。講到農村中的僱農問題時，引王梵志詩作證，詩云「婦即客舂搗，夫即客扶犁。黃昏到家里，無米復無柴。男女空餓肚，狀似一食齋……如此硬窮漢，村村一兩枚。」用此表明農村僱農如何掙扎在飢寒交迫的境地。在講到五代史時，就遼之「投下軍州」，唐師說「投下」亦作「頭下」，在解釋完後，復又講到敦煌文書中的「寺戶」記載，猶云「某某團頭下某某」之意。

　　也就是在唐師講授和答疑中，我們知道了劉復的《敦煌掇瑣》，羅振玉的《貞松堂西陲秘籍叢殘》，許國霖的《敦煌石室寫經題記與敦煌

雜錄》，蔣斧的《沙州文錄》，從此也就結下了與敦煌之緣。

一九五九年十一月，我考取唐師的碩士研究生，本想能有機會好好隨唐師認真讀點書，但當時形勢是繼續深入「教育革命」，批判迷信資產階級專家權威，研究生不能由專家培養，而應由集體培養，在鬥爭中成長。接著就於一九六○年十一月中旬下鄉，參加「整風整社」，至次年四月返校，就忙著補課，撰寫畢業論文，也就沒有時間向唐師請教敦煌文書了。

一九六二年九月，畢業留校，在唐師所主持的魏晉南北朝隋唐史研究室工作。那時我開始下鄉勞動鍛鍊，十一月初返校。當時唐師交我兩項工作：一是通讀《全唐文》，並作出分類資料卡片；二是整理校對補充唐師所抄錄的敦煌文書資料。這時我才對過去斷續聽到的有關唐師早在一九五七年夏，已開始從關注到著手系統閱讀、抄錄敦煌資料的過程，有了較完整的瞭解。

一九五七年夏，當時武漢大學的「大鳴大放」正在轟轟烈烈地展開。唐師當時還是中國科學院歷史研究所兼職研究員，在得知科學院圖書館有北京圖書館與英法交換所獲斯坦因、伯希和敦煌文書的縮微膠卷後，遂赴北京閱讀、抄錄。但後來是反右鬥爭，接著又大辦鋼鐵，教育革命，到一九五八年十一月下羅田黨史調查，唐師當然都免不掉的，尤其是教育革命這一關，所以不得不中止有關敦煌文書的閱讀、抄錄及其研究。

一九六一年春以後，由於貫徹高教「六十條」，唐師建議成立魏晉南北朝隋唐史研究室被批准。唐師首先重視資料室的建設，調譚兩宜女士（也是唐師執教抗戰時設在湖南藍田的國立師範時的學生）入室工作。同時唐師也通過北圖購回全套北圖所掌握的包括斯坦因、伯希和文書的縮微膠卷，亦將他當年所錄文書，一併交於研究室資料室

中。這裡附帶要說明的是，因見施萍婷女士為《敦煌遺書總目索引新編》所撰前言中云：「一九六二年商務印書館出版了《敦煌遺書總目索引》（以下簡稱「總目」）。得到此書後不久，當時中國科學院的竺可楨副院長到敦煌考察，當得知我所尚無英藏敦煌遺書縮微膠卷時，答應回京後給我們從科學院圖書館拷貝一份……六十年代初期，中國有這部分縮微膠卷的，只有北京圖書館、中國科學院圖書館、敦煌文物研究所三家。」[1]事實上，至遲在一九六一年底，唐師即已為武大購回全套縮微膠卷拷貝。

　　一九六二年九月工作後，唐師一再強調要細心認真閱讀。同時唐師還將他已購的王重民、劉銘恕二位先生所編《敦煌遺書總目索引》給我，以利閱讀縮微膠卷。我遂決定白天上班去武大圖書館縮微閱讀室看拷貝，晚上則閱讀《全唐文》並作資料卡片。

　　唐師在一九五七年作錄文時，買了一批藍灰色封面的柏紙簿，共抄錄四十餘本，用藍黑墨水書寫。校圖書館有一台屏幕較大的英制閱讀器，已往罕有人用。初次使用時，頗有一些新鮮感，特別是可調成各種角度，放大縮小，極易變換。但看上一二天後，新鮮感沒有了，而兩眼大叫吃不消。況且那間小室冬天極冷，夏天又極不通風，加之閱讀器用久也發熱，更難忍受。更困難的是文書拍成縮微膠卷，畢竟不如看原件，在閱讀器上閱讀總有諸多不便。唐代官府文書尚易辨認，而民間書寫，不僅字無規範，且多有塗改或污損，故辨認極難。當時所能藉助的工具書不多，只有趙之謙的《六朝別字記》、羅振玉的《碑別字》等工具書，有的實在無法辨識，就只好依樣畫葫蘆了。

　　以上兩點回憶，是個人親身經歷體會。當年自己才二十五六歲，

1　中華書局 2000 年版，第 1 頁。

正當青年，閱讀猶感困難，而唐師兩眼深度近視，雖戴鏡矯正後，右眼尚只〇點二，左眼〇點四。如伏案看閱讀器，反覆辨識，再反覆低頭抄錄，抄錄後還需核對，這幾個反覆動作下來，眼睛的難受可想而知。而唐師用了不到兩個月的時間，就從斯坦因六九八〇件文書、伯希和四〇三九件文書中抄錄出二大類文書。

根據唐師的錄文所見，唐師挑選了兩大類先作，一是契券類，一是社邑文書。此二類皆是從縮微膠捲上依原編號順錄，並未照每份文書所記年款再作按先後順序的編排。契券類包括租佃、借貸、買賣、典質、僱傭等；社邑文書包括各類結社、社司轉帖，等等。應該承認，唐師雖囑我補入漏錄部分，但唐師前期絕大部分皆已錄入，所補部分甚少。就文字校對而言，唐師本工於書法，且所見前人書畫法帖又廣，我是不可能有什麼更正的。

當時我的做法是購入一大冊財會人員所使用的「萬能表紙」，按校勘記法劃出行格，凡有遺漏處，表中註明，遺漏文書則別冊抄錄，凡有誤釋者，用此勘誤表注出。同時附帶著對商務印書館所出《總目索引》，據縮微膠卷，一一校勘。查出頗有一些漏錄，所引題記有訛有脫，一併作在勘誤表上。因為當時我從唐師談話中，已感到唐師於一九五七年在京抄錄部分文書，決不是只關注這兩方面，而是計劃分類抄錄，限於時間，只能抄錄這些。故一九六一年購入北圖的縮微膠卷，也正是為今後全面開展敦煌文書的錄文作準備。

一九六三年夏，唐師交給我的這項校補任務已完成。是年秋，我由於缺乏階級鬥爭觀念等原因，被派去「五反三清」辦公室鍛鍊一年，接著勞動一個月，一九六四年秋下鄉「四清」，也就脫離了業務工作。但我知道唐師為研究室購買了一台荷蘭產的縮微閱讀器，並由譚兩宜先生使用這台「投射式」的閱讀器，重新用唐師所錄錄文與我所作校

勘表，再與原件拷貝核對，按「投影格式」用毛筆抄錄在精美之白「磅紙」上。但唐師此時亦因一九六四年赴北京參加校點二十四史工作，所以雖然其間發表過有關利用敦煌文書撰寫的文章，但並無力量來做他早已關注並付出了相當大心血的抄錄原文後續工作。雖已購回斯坦因、伯希和與北圖藏敦煌文書縮微膠卷及閱讀器，但唐師亦無分身之術，作為他的學生的我，也投入運動之中，無法繼續從事敦煌文書方面的整理工作。

最後譚兩宜先生完成了唐師交給的任務，然後將唐師的錄文，我所作的補錄及校勘表與譚先生的最新錄文用布包好，放在資料室中，不知何故，被人盜走。記得一九七三年五月，我脫離困躓三載的襄陽隆中，回到系裡即問及這包「寶貴財富」的下落，方知被盜，自然傷心。所以我自一九七五年起任唐師助手十多年，一直不敢當唐師面提及此失竊事。因為我想他為錄文所付出的犧牲如此之大，而且他寄厚望於將這批文書與傳世文獻結合研究，以解決他多年所關注的問題，如果把失竊事告訴他，恐會增添他的傷感。

關注敦煌文書是學界的共識，但斯坦因、伯希和文書縮微膠捲回歸北京後，當時能夠通讀，並就其中某些類型文書作系統錄文的人恐亦不多見。只是在當時那種形勢下，唐師無法繼續堅持，因此這不僅是唐師個人的損失，也是學術界的一大損失。

（原載《魏晉南北朝隋唐史資料》第二十一輯〔唐長孺教授逝世十週年紀念專輯〕，武漢大學文科學報編輯部，2004 年。收入劉進寶主編《百年敦煌學：歷史、現狀、趨勢》，甘肅人民出版社 2009 年版）

唐長孺師與吐魯番文書

在回顧唐長孺師畢生學術貢獻時，就不能不提到在他倡議並領導下，歷時十三年才完成的吐魯番文書的整理和出版工作。

唐師對吐魯番文書的接觸，據我所知，早年是通過王樹枬的《新疆訪古錄》、金祖同的《流沙遺珍》等。新中國成立後，除了黃文弼的《吐魯番考古記》，就是《文物》雜誌二十世紀六〇年代後所刊載的少量發掘簡報，還有沙知先生利用出土文書研究有關契券制度的文章，以及所能見到的日本學者的一些研究成果。更集中地看到利用敦煌吐魯番文書研究唐史的論著是在一九六二年。唐師囑人由香港購回日本西域文化研究會所編的《敦煌吐魯番社會經濟資料》上、下兩冊，其中除引用敦煌文書外，還比較完整地引用了大谷文書。利用吐魯番文書研究唐史中的某些問題，此時已引起了唐師的關注，只是由於「左」的干擾，特別是唐師於一九六四年去北京參加二十四史的校點工作，一去十年，直到一九七四年夏才完成，因而研究耽擱了下來。

一九七三年夏，為了編寫中國古代史教材，時任中共武漢大學歷史系黨支部書記的彭神保提出一個點子：為編寫教材外出蒐集考古材

料。當時，這個點子居然得到校方同意，隨即擬出路線圖：洛陽——西安（包括周圍諸縣）——天水麥積山——蘭州——新疆——敦煌——大同。於當年十月初成行，十二月中旬由蘭州趕到烏魯木齊。

在新疆維吾爾自治區博物院展覽廳中，看到了數件文書。在此期間，也看到了當年出版的十一期《文物》雜誌，其上有多篇新疆同人利用文書撰寫的論文。接著又得到新疆博物院的熱情介紹，我們大開眼界，異常興奮和激動。當時，彭神保提議給正在北京中華書局做校點工作的唐長孺師寫信，介紹初步所見所聞。當年十二月底到達敦煌千佛洞後，接到唐師的信，認為這批文書的價值，就某些問題而言，「將使唐史研究為之改觀」。同時，提到已向國家文物局領導王冶秋、劉仰嶠建議整理這批出土文書，並獲得同意。一九七四年元月中旬，我們趕到北京，向唐師作了匯報，並見到國家文物局領導，知道王冶秋決定由唐師主持，由新疆與武漢大學合作，文物出版社負責出資，開展整理工作。

一九七四年春節後，唐師決定動身前，考慮到整理工作本身之需要，也考慮新疆方面文獻資料的缺乏，故開出了一大批書目。這些圖書既有基本史籍，也有內典；既有學術專著，也有工具書。除了向武漢大學校、系及研究室、圖書資料室借用外，唐師的一套揚州版《全唐文》也隨之裝箱。又考慮到工作的特殊需要，還將在西安購得的一台舊式國產複印機一起運到新疆。而就在動身前夕，唐師一人被強留下來，要他去做他不願做的事——「評法批儒」。而其他能去的人，也由於種種原因，一直拖到當年九月中旬才動身去烏魯木齊。

一九七五年四月底，唐師始成行赴新疆，先期帶通曉英語、日語，熟知典籍，年近六旬的譚兩宜先生和我去烏魯木齊。唐師去了吐魯番哈拉和卓、阿斯塔那墓葬區，看到發現文書的古墓，也參觀了交

河、高昌兩座古城，激動不已。但就在去南疆的庫車後，因乘坐手扶拖拉機掛帶的斗車上，行走在路況極差的「機耕道」上，強烈的顛簸致使右眼眼底出血，造成右眼失明。由於新疆醫療條件差，唐師不得不返回北京，住進工農兵醫院（即同仁醫院）診治。我與譚兩宜則留新疆繼續工作。譚兩宜負責清理博物館藏文書登記，我則又下吐魯番地區博物院，清理、拼合、錄文其所藏文書及墓誌。

其間，王冶秋又專門給國務院寫報告，提出由唐師負責，帶領專班人員，整理吐魯番文書。李先念副總理批示「擬同意」，又經鄧小平副總理圈閱，遂決定將此項工作轉至北京進行。我與譚兩宜在九月底結束新疆工作，於十月初到北京，在醫院瞭解到唐師本因深度近視，視網膜極易脫落，因眼底出血，造成晶體混濁，復明有難度。直到十一月十五日唐師才出院。這時，新疆博物館也將館藏文書裝箱運到北京，參加整理工作的各路人馬也陸續抵達，唐師開始全身心地投入領導整理工作。

在唐師指導下，我根據一九六二年冬在唐師指導下所作敦煌文書錄文校補的經驗，以及一九七四、一九七五年在新疆初涉吐魯番文書整理的點滴體會，加上學習歷史所一九五八年所編《敦煌資料》第一輯，以及日本所出《敦煌吐魯番社會經濟資料》上、下冊，吸取、借鑑其有益的方法，草擬了一個「錄文須知」。經整理組討論，定下了一個共同遵守的工作原則。

面對近萬片的殘片，首先要在辨識的基礎上，作出準確錄文，而錄文和碎片的拼合是兩項最基本的工作。但出於文物保護的要求，最開始時還必須僅據那些照、洗並不高明的小照片，做錄文與拼合。唐師也和大家同樣拿著小照片去做錄文工作，但由於右眼已失明，左眼戴鏡矯正也只有〇點三度，困難遠非常人所能想像。最後，唐師發現

若在照片背後用檯燈照射，正面看起來就比較清晰，這一經驗也為大家所倣傚。

在錄文核對，以及進行碎片的準確拼合時，就要接觸原件了。而這些出自千餘年前古屍身上之物，其中不少還有血污等因素，辨識既難，且多有屍臭味，甚至可能還有細菌，但唐師毫不考慮個人健康，每道工序皆不免省。我出於考慮唐師身體健康，勸他注意少接觸，但唐師說：「我不看原件，怎麼知道對與不對？」只好在休息時和進餐前帶他去洗手。

字難辨識，殘片難拼合，這都是常人所難以想像得到的。而在進入「定名」、「斷代」階段，更是艱辛。因為判斷文書整理成功與否的標誌，主要是根據釋文拼合之準確，「定名」之遵合古制，「斷代」之清晰等諸方因素。其中，文書之準確「定名」和「斷代」，所要求的學術水準是很高的，難度因而也是極大的。故作為文書整理的領導者，尤須在歷史及古文獻、書法諸方面具有淵博精深之學識，方能對這批從十六國到唐代開元、天寶年間的官、私文書，以及古書、佛、道經典作出準確之定名。面對大量並無紀年之殘片，既要考慮紙質，又要考慮書法之時代風格變化。除了這些「外證」，還特別需要從文書本身尋求「內證」，從而作出適當的判斷（準確或比較接近的「斷代」）。

由於整理組成員來自多方，學識、性格不同，甚或間有「利益」之衝突，也會影響整個整理工作。但唐師不僅憑藉自己的學術威望，而且以「求大同，存小異」的原則，處理以不同形式表現出來的各種問題，保證了較快、較好地完成整理工作，並陸續出版了十冊錄文本和四巨冊圖文本的《吐魯番出土文書》。在全書出版後，文物出版社的多位編輯都多次給我講到「要不是唐先生的領導坐鎮，你們的工作就不可能完成」。

　　人們往往只看到唐先生在整理工作上的貢獻，可能忽視或不知，唐先生在完成整理工作過程中，又直接培養了那些有機會參加整理工作的同仁。他們從具體到一個字的辨識，到文書的拼合、定名、斷代，以及進一步的研究，皆直接或間接得益於唐師的教誨。特別是唐師決不搞知識私有，總是毫無保留地當眾講出自己的精闢創見，當時也有人立即搶先撰文發表。我曾和唐師談及此事，但他毫不在意，依然毫無保留地告訴大家。

　　由於唐師的倡導和領導，開始於一九七四年的整理工作，至一九八六年春，歷時十三年，終於大功告成。唐師提出對吐魯番文書的整理，是在他年屆六十歲時，這時他早已功成名就，但他在學術上永不止步，永不滿足於已取得的成就，始終保持高度而敏銳的學術洞察力，始終肩負著強烈的學術責任感。

　　唐師長期離家，持續十年在北京校點「北朝四史」是這樣，遠赴新疆，克服目疾的折磨，在長達十餘年的時間內主持吐魯番文書的整理工作更是如此。在唐師身上，可以深刻體會到什麼是「忘我」的精神，什麼是真正的學人風範。

　　一九七六年，唐山大地震。唐師有驚無險，並因避震入住故宮武英殿，接著又帶領整理組轉到上海繼續工作，直到當年底，始返京。工作的繁重，生活的困難，加之年紀的增長，唐師生過病，還入北京醫院救治過。特別是在恢復研究生的招收後，唐師還要返校給他的研究生和系裡的本科生開課講授，又作為《中國大百科全書·隋唐卷》主編，還有國內外學術會議，這些都要花費相當的精力，但始終沒有影響他對整理工作的指導。唐師返校是因為研究生的培養需要，但唐師母骨折住院，唐師卻沒有為此請假回武漢照料。唐師在京工作期間，絕大多數日子，中午在食堂就餐，早、晚餐就由我這個自入初中

到參加工作後，均是吃食堂，而不會做飯菜的人去掌杓，但唐師從不高要求，更不責難我。

正是在唐長孺師坐鎮和他身先士卒的率領下，終於完成了吐魯番文書的整理和出版。今天我們在緬懷唐先生的風範時，學習和繼承他光明磊落、無私奉獻的高尚品德，這是最重要的，也是最難以學到的。

（原載《河北學刊》2005 年第五期）

吐魯番文書

今新疆維吾爾自治區吐魯番盆地，古為車師前部地。自西漢宣帝置戊己校尉，建高昌諸壁、壘，開屯田，漢族開始遷入定居，屬西域都護治。歷東漢、曹魏、西晉，皆本此制。西晉亡後，由於河西走廊的戰亂，政權更迭，漢族及其他各族，陸續遷入。至東晉成帝咸和二年（327），前涼王張駿始於此建高昌郡。歷經前秦、後涼、西涼、北涼的統治，皆為涼州（或沙州）之屬郡。西元四三九年，北涼為北魏所滅，其殘部退據高昌郡，奪車師前部之交河，仍稱大涼，並保持著與南朝劉宋的政治關係。

西元四六○年，柔然滅北涼，立土著大姓闞氏為高昌王。嗣後，張、馬、麴諸氏相繼稱高昌王。唯麴氏立國最久，共十一王，歷時一四○年。人口最多時達戶八千，口三點七七萬。郡、縣增置，亦超過前代。歷代高昌王除先後臣服於柔然、鐵勒、西突厥外，還保持著與中原的北魏、北周，乃至於江南齊、梁，在政治、經濟、文化上的連繫。隋統一後，這種連繫復又加強。

唐貞觀十四年（640），太宗滅麴氏高昌王國，以其地置西州，下

轄高昌、交河、柳中、蒲昌、天山五縣，並把行之於內地的政治、經濟、軍事、文化制度，全面推行於其地。

由於各個時期漢族的不斷遷入，亦將固有的風俗習慣帶入。如其葬俗，於墓內置放《隨葬衣物疏》、明器、《柩銘》。至遲至麴氏高昌時，還置有墓誌。入葬時，還將與死者生前有關的《功德疏》、《勳告》，以及各類契券、公文書等，亦完整置於墓內。此外，在治喪中，還普遍利用廢舊公、私文書製作供死者服飾的帽、冠、腰帶、靴、鞋之類物件。最為引人注目的阿斯塔那506號墓所出的紙棺、紙褥，即是利用唐天寶年間大量完整的馬料支用歷等文書糊制的。在古代居住地及佛教石窟遺址中，也散見有世俗及宗教文書殘卷。大量當時的政治、經濟、軍事、文化、宗教資料，就以這種特殊方式保存下來。由於該地區氣候炎熱、乾燥，雨水罕見，地下水位又低，故經歷千餘年，埋藏之物，終不見腐敗，完好保存至今。這就是吐魯番文書的來歷。

十九世紀末，在敦煌文書被劫掠的同時，吐魯番文書亦同遭厄運。來自俄、德、英、日等國的克列門茲、勒柯克、斯坦因、橘瑞超等，以調查研究為名，相繼在此盜掘、收購，掠去大量壁畫、絲綢等工藝、藝術珍品，以及記有各種文字的文書、墓誌。當時，在該地做官的王樹枏，也蒐集到若干文書和墓誌。二十世紀中葉，黃文弼先生兩度赴該地考察，獲數十方墓誌和若干文書。由於吐魯番當時發現的文書數量及完整程度遠不及敦煌藏經洞的發現顯赫，加之早期介紹亦少，故鮮為人知。

自一九五七年起，新疆博物館各族考古工作者以吐魯番之阿斯塔那、哈拉和卓兩地古墓葬區為重點，先後進行了十餘次大規模的發掘和清理。在由晉到唐近四百座古墓中，獲得大量文書。此外，在英沙

古城及伯孜克里克千佛洞遺址中，也發現若干文書。部分文書的內容，曾分別以發掘報告、論文、圖錄等方式，在報紙、雜誌上披露，逐漸引起學術界的重視。一九七五年底，國家文物局組成「吐魯番文書整理組」，在原發掘整理基礎上，進行拼對、釋文，並加以某些必要的考證，以作出斷代、定名、題解、註釋。成果分別以普及本及圖錄本形式陸續出版。早年被各國「探險隊」攜出國外的資料，多年來，亦以考古發掘報告、工作日記、論文、目錄、圖錄形式，陸續發表。近年，日本龍谷大學將橘瑞超所獲文書，整理出版，名為《大谷文書集成》。

就目前已知的吐魯番文書而論，所屬時代可分為三個時期：一屬高昌郡時期，即從前涼置高昌郡，到北涼亡於柔然止，相當於歷史上的「十六國」時期，這部分文書較少；二屬高昌王國時期，即從柔然立闞伯周為高昌王起，至唐滅麴氏高昌止，相當於歷史上的南北朝時期及隋代，這時期文書較前大增；三屬唐代，分量最多。此外，尚有黃文弼所獲少量元代文書。

吐魯番文書就其分類而言，可粗略分為公、私文書，古籍，以及佛、道經卷四大類。

屬於高昌郡時期的公文，絕大多數為郡、縣兩級機構簽發，且多為北涼時期。文書反映北涼時，軍、郡兩府合署，兩部僚佐，一目了然，足證地方太守與中原及江南相同，例兼將軍，開府置屬。文書反映出至少在北涼時期，還把高昌郡分為東、中、西三部，置有「督郵」。縣下有鄉，鄉置有「嗇夫」。有跡象表明，可能北涼承平年間，該地區除高昌郡外，尚增置田地、交河二郡。

關於賦役制度，北涼時期的「貲簿」，反映當時仍上承漢、晉，近同南朝宋、齊之制，按照土地等級、數量計算貲產。並據「貲合」多

寡，配養馬匹，以供使者、軍隊乘騎。役則有「差佃」、「為官種荒蕪」，為軍隊承擔「佃役」，為學校承擔「桑役」，充當「馬子」等多項。有專門技能的工匠服役時，尚要自帶「作具」。一份「入貸床帳」，可能是前涼以來官府高利貸的記錄。許多文書反映了當時賦役沉重的現象。北涼時期，凡不能按時「輸租」的，均要罰去「戍守」。

在北涼時期的一批兵曹及有關軍事活動的文書中，我們看到當時兵士，或來自「入幕」，或是「謫發」。戰鬥編制有校、幢、隊，兵種則有步、騎、射手等。兵士不僅用於作戰、戍守，還從事屯田、水利、土建等項勞作。

在官吏選撥任用方面，西涼建初年間的《秀才對策》及一份《功曹下田地縣符》，反映了當時依然承襲漢制，行秀才、孝廉辟舉制度的現象。《對策》文本身，還是研究辟舉制度的具體文獻。由於地區特點，水利事業處於重要地位，故西涼時還置有分「部」的「平水」。北涼時期目前雖未見有「平水」之設置，但灌溉時節，還分派諸曹長吏，赴各「部」管理水利。

這時期的私文書中，首次出現最早的紙質《隨葬衣物疏》，是記載死者隨葬品的記錄，有助於瞭解當時的服飾，以及民俗概況。而且根據《衣物疏》中的紀年及干支記載，可以幫助我們判斷墓中文書年代的下限。

所見最早的紙本契券，是前涼昇平十一年（367）賣駝契。此外，還有買婢、舉錦、質桑等各種契券。這種契券形式，當來自河西走廊，並為後世所繼承和發展，其中反映了當時經濟活動的各個方面，記載了高利貸的剝削形態。結合《衣物疏》以及有關文書中涉及絲織品的記載，我們看到有「疏勒錦」、「龜茲錦」外，還有高昌本地生產的「綿經」、「綿緯」的「龜茲錦」。在一份失火燒損財務帳中，我們還

看到有絲織生產「小作坊」的存在。

官、私文書中所奉行的年號，許多不同於正史的記載。如前涼行用西晉的建興，東晉的昇平與咸安年號。而史籍所記前涼自張寔以後諸王所稱之永安、永元、太元、永樂，直至張天錫所稱太清諸年號，並未行用。又如北涼，除自立年號外，當夏赫連勃勃強大時，曾一度奉行夏之真興。當北魏強大時，北涼在高昌郡行用緣禾（取北魏之「延和」的諧音）。當北魏改延和為太延時，北涼在高昌郡仍行用緣禾，但在河西走廊之酒泉地區，卻又改行太緣（取北魏「太延」之諧音）。關於年號的奉行，是我們研究占據這一地區的政權與江南，或是西北、中原地區某個王朝關係史中的一個重要依據。此外，還有目前尚難判斷歸屬的龍興、白雀、建平、義熙諸年號。

整個十六國時期的文書，尚不足百件，但卻是其他地區從來未出土過的罕見珍品，為研究十六國時期高昌郡地區，以及曾統治過這一地區的一些政權歷史，提供了真實記錄，彌補了史料的缺漏和錯誤。

高昌國時期，該地區由郡一變為王國，且歷時達一八〇年之久，故出土文書就形式、內容以及數量而言，均大增於前。數件使用「永康」年號的，當屬於柔然所立闞氏高昌王時期。目前尚不見有確屬於張、馬二氏時期的文書。大量文書則屬於立國最久的麴氏高昌王國。出土文書反映其轄內所統，除承襲舊有郡縣外，復增置橫截、臨川、高寧、新興諸郡，其下縣、城並增於前。部內居民，除主要是漢族以及十六國時期遷入（或併入）的苻、沮渠、禿髮、車、龜茲等姓外，到後期不少昭武九姓，諸如康、曹、何、史、安等「胡人」，亦成為麴氏編戶齊民。史籍所載麴朝行政、賦稅制度，以及都、城設置，不僅在出土文獻中大體得到證實，而且得以補充大量缺略，並糾正一些錯誤。如史稱高昌「胡書」、「胡語」，但出土文書卻表明無論貴賤公私，

皆用漢字。

在麴朝公文書中，有上自高昌王，下至各級機構處理日常庶務的大量公文。《隋書》云其「不立文案」，實為謬誤。從各類公文的押銜中，可以較系統地整理出各級行政機構。目前所見，雖無完整台省制度，但其中樞職官至為重要的一是以門下校郎、或以某將軍兼門下事為首的門下諸官；二是以高昌令尹、縮曹郎中為首的吏、祀、倉、主客、禮、兵、屯田諸郎部，銜名則有長史、司馬、部事、主簿、郎中，等等。前者是門下省的縮影，並將晉、宋中書省的通事令史收歸門下，後者則是部分模仿、改造中原尚書省的機構。同時可以看到在中樞機構中，還雜以地方行政僚佐銜名。結合文書中所處位置、經辦的諸項政務，可以看出其中樞官制及其特點在於：上承漢晉，近繼諸涼（主要是北涼），而實際脫胎於高昌郡之地方行政組織，其間亦有改造同時代之中原王朝政權組織形式之處。

大量賦役徵發文書中，則有計畝徵收賦役、雜稅，計丁徵錢、物，商胡貿易徵錢，按戶徵馬，諸種徭役分配、賦役減免……可以看出其賦役徵收，主要是按土地徵收，也存在按丁徵收，在徵收中，又分「道」、「俗」兩類。所徵主要是「銀錢」，雜以糧食、雜物等。

其租，《周書》、《北史》、《通典》云「計畝輸銀錢」。文書中，《高昌將顯守等田畝得銀錢帳》、《高昌延壽八年（631）質等田畝銀錢帳》中，反映了麴朝將不同等級優劣土地，歸入「厚田」、「薄田」兩類，按此徵收銀錢。此外，還見有按畝徵糧記載。《高昌張武順等葡萄畝數及租酒帳》中，還出現了按畝徵收葡萄園酒租的記載。一些文書表明酒的徵收數量巨大。租雖有「道租」、「俗租」之別，但目前從按畝所收銀錢及糧食兩項所見，似無數量之差。

從《侍郎焦朗傳顯法等計田承役文書》中，可以看到按畝承役之

制。「薄田」兩畝折合「厚田」一畝，地權轉移，所承之役亦隨之轉移。分別按田主身分，承擔「道役」或「俗役」。眾多的配役文書，反映麴朝之役齡起點為十五歲。役目則有城作、壋作、田作、作軍、兵役、到諸城門「上限」，山谷巡邏，客館驅使、作供、營家之類。此外，還有「商人役」、「羇人役」、「作人役」等名目，反映除一般編戶外，商人、「羇人」以及類似部曲的「作人」，均要服役。從征役看，「道」、「俗」役之別，在於前者服輕役，後者服重役。作為工匠，也按其專業技能服役，並見有按工種分類統計的匠人名籍，如「主膠」、「畫師」。《高昌義和三年（615）都官下始昌縣司馬主者符》，表明「弓師」應役尚要自帶「作具」與糧食。數份麴伯雅重光年間「條例」是官府「傳供」食糧及肉類的帳單，其間反映了匠役有「作鎧」、「縫作」、「治赤威（韋）」作羊皮囊等類，一般五日為期，供給粗糧。不僅男子，女子亦有入役。

除按畝徵發賦役外，還存在按丁徵收的「丁正錢」、「丁」、「丁輸木薪」。

在麴朝也還有「調」的徵發一項，並有「大、小調」之分。高昌某寺糧食帳中反映了大調交麥。延昌年間的三件《調薪文書》，反映寺院及一般百姓交納「調薪」一至二車，這種差別也反映了是按資產多寡而徵收數量不同。

麴朝雜色徵收賦役名目繁多，而關於馬匹的增發，頗具特色。作為兵部，大量購買馬匹，而其驛站，則大量徵發馬匹。多份關於馬匹徵發、配給文書，表明不僅一般編戶，而且官吏均要支馬。僧侶雖有優待，但亦不免。分別統計馬匹毛色，然後由官府分為「任行」、「不任行」加以登錄，又將「任行」中的「上馬」，作為「遠征馬」。支用時，尚有配上鞍具的規定。有關「遠行馬價錢」的徵收，可能反映無

馬戶支錢代馬。

作為「絲綢之路」上的高昌，中亞胡商往來貿易，買賣金、銀、藥材、香料、生絲，在一份《稱價錢》文書中，反映了按交易額徵收商稅——稱價錢。

麴朝稅制一個特點，除作為王國系統徵收之外，另一部分則是直接由高昌王徵收的「臧錢」，向一般官吏、僧侶、商胡、百姓，乃至於類似部曲身分的「作人」徵收數額不等的銀錢。上述之「稱價錢」，亦歸「臧錢」的系統，所徵收並上奏高昌王。

在大量的民間文書中，各類契券最多。從形式而言，較之高昌郡時期的契券結構更為周密詳盡。對立契雙方互應承擔的權利和義務規定具體而周到。契券中出現「倩書」、「時見」、「臨坐」署名，晚期還出現立契雙方的「指節印」。

在買賣契券中，有奴婢及類似部曲的「作人」，及牲口、土地等買賣契券。結合公文書，可見麴朝對土地買賣的干預，反映在必先由買賣雙方向高昌王說明各自買賣緣由，經批准後，方能立契買賣，並由有關官吏充當「臨坐」。交易皆以銀錢進行。

大量租佃契反映了麴朝契約租佃關係盛行。不僅民間，連官府機構的土地，也由主簿出面，按通行之習俗，立契佃出。租價則按土質，分一或二季交納，租金有實物和銀錢兩種。

契約僱工盛行，反映在通過立契，僱傭百姓耕作、放牧，或向主人僱傭依附者——「作人」耕作。雇工有短工與長工、內作與外作之區分。契券依照不同的勞動，定出受僱者所應承擔的勞務以及懲罰條例。

大量的借貸契，反映了高利貸剝削的盛行。借貸物有錢、糧、絲織品等項。契約租賃關係亦盛行，有賃房舍、車、牛等類。

作為寺院，據文書所知，他們依靠施主的布施、做法事的收入，獲得大量財物，同時如同世俗地主一樣，通過出租土地、僱傭勞力、放債、使用奴婢，經濟有了很大發展。從高昌出土文書可見高昌地區寺廟林立，僧尼眾多，財力雄厚，而且得到麴朝的優待。

出土文書中，就數量與內容而言，皆以唐代為最。目前所知，起自貞觀十四年，唐滅麴氏高昌，推行劃一制度。故這時期的文書不僅僅只是地區史資料，同時也是研究唐代政治、經濟、軍事、文化諸方面的重要材料。它補充了大量文獻記載的缺略，反映了各項制度執行的具體效果，以及執行過程中某些變通之處，表現出高度中央集權體制下，強有力的行政效率。除了對各族勞動人民的嚴密統治、殘酷剝削的一面，也看到它在維護統一、發展生產，以及某些調節職能的發揮。

在律、令、格、式方面，加蓋西州都督府大印的《唐律疏議》名例律殘卷，可校勘傳世刊本的訛脫。此外，還有貞觀年間處置不法「三衛」的詔令，景龍年間的「郊赦文」，可能是金部或度支的格、式殘卷，多數為文獻中所無。西州各級官吏正是根據統一的政令，進行具體而微的統治。

籍、帳類文書，則有大量的手實、戶等簿、貌閱、戶籍、籍坊牒、點籍樣、括客牒文、鄉帳等等，大多是此前所未見過的。從平麴氏高昌當年，到武周世所造的諸手實中，可以窺見手實制度的全貌；蒲昌縣戶等簿則反映了唐定戶等所據資產的具體內容；貌閱重點在於成丁、入老、「三疾」，以至人體面貌特徵；三年一造的戶籍主要是根據以上諸項調查，並及土地應受數、已受畝數、方位、四至，甚至還包括租、調數，而僧、尼則另造一籍；籍坊不僅是保管機構，而且還承擔造籍後的變動的登錄和調查；神龍三年「點籍樣」則是對已定戶

籍的「檢點」，重點在於人戶內的丁、中；不少有關括客的文牒，反映了高宗以來人戶逃亡的嚴重程度。戶籍中所見，至遲在武周聖曆二年，就按李嶠的建議，推行括客之制。

文獻記載唐有「鄉帳」、「計帳」之制，但缺略及訛誤甚多。出土文書中發現若干份「鄉帳」，反映了據「量入以制出」的財政指導思想，諸里正據手實造當年之鄉帳，入縣合造「計帳」。統計重點在於課戶、課丁之數，且尤重於「見輸」、「見課」之數，但不記戶等及已受土地數，充分反映了租庸調製下，以丁身為本這一特點。

根據這些文書的研究，可以恢復唐代籍帳制度的原貌，並看到在統一制度下，亦存在地區特點的微小變化。而它的內容之豐富與廣泛，也為研究土地、賦役、人口、階級及階層結構諸問題，提供了寶貴的資料。在這裡，就看到了《唐律疏議》中的部曲。

根據大量關於均田制度文書研究，見到有調查、授田、退田（包括「剩退」、「死退」、「死絕退」、「出嫁退」、「移戶退」）的文書。結合有關文書，可見西州一丁按制授八十畝，園宅減為四十至七十步。但實際考察中，一丁十畝即算授足。在退田方面，永業田亦有死退，這當與地區特點有關，故執行均田令過程中，存在某些變通之處。

在眾多的賦役文書中，反映由於授田額的減少，故租減為粟六斗，調減為「䋿布」一匹。雜徭種類繁多，包括上烽、種植、土建、搬運、充驛丁，等等。作為工匠，亦按工種造籍，分番上役。作為「差科」之制，文書中出有開元年間的交河縣名山鄉差科簿，以及差科徵發文牒，表明差科是按戶等徵收，五品以下官吏直至百姓，皆要負擔。而徵發除實物外，還包括勞役，及有關食具、臥床等的借用。

作為色役，不同於徭役。關於色役的名目、待遇，及某些色役以納「資課」取代的過程，文書中亦有反映。

　　唐將府兵制推行於西州，從文書中可看出西州先後置有前庭、岸頭（交河）、天山、蒲昌四折衝府。不少是關於衛士檢點、「資裝」登錄、征鎮名籍、行軍作戰隊形編制和鍋、幕、秣料供給的文書。「勳告」是發給因立有戰功得到勳官的將士。一份永淳年間氾德達勳告，還證實了當時安西四鎮是指碎葉（今俄羅斯境內托克馬克附近）、于闐、龜茲、疏勒。《唐歸政等府衛士領馬文書》中，記有九府之名，是徵發關隴、河東及他州府兵，出戍西州。兵士來源，除府兵，還有徵發白丁，甚至包括不少部曲、奴隸，混合編隊。

　　同時，在西州還置有鎮、戍、守捉、游奕、烽、鋪。除執行巡邏、偵查、報警、盤問過往行旅檢查「過所」之外，還要就近屯田。軍屯則有天山、柳中、白澗諸屯。神龍年間《白澗屯納糧帳》，反映了屯田收穫的監納制度。

　　這些文書有助於瞭解府兵制，邊防軍事設施、戰鬥、生產情況，以及由武周到玄宗世的軍事制度變化。

　　為維護政令的貫徹，建立了驛、館、「長行坊」、車牛坊，提供食宿及交通工具。在有名的「北館文書」以及其他供客使牒文中，有關於糧、油、肉、菜、醬以及燒柴的供給記載。館、驛供糧等，除徵自戶稅外，還有「出舉本小麥」，當屬公廨本錢之類。寧戎驛長康才藝的牒文，表明役丁征自百姓，分番上役。阿斯塔那 506 號墓所出紙棺、紙褥中拆出天寶十三至十四載交河郡長行坊支貯馬料歷，是各館驛定期呈報來往官員馬匹支秣料帳，其中可見西州各館設置，各類牲口支料數量。著名的人物如封常清、岑參的往來行蹤亦間於其中。

　　州、縣各級機構的「官文書」，包羅萬象。有符、帖、牒、關、刺、過所、市券、時沽、案卷、事目等類型。內容有下達指令、呈上的請示及處理報告。其中錄事參軍所掌「事目」，按時日登錄收發文摘

要。各類往來文書處理畢，即按照先後順序，黏接成「案卷」，提供了唐代文牘保管制度資料。而且包羅萬象的內容，為研究各項制度、各級機構與官吏職能、法制與剝削、社會諸方面的縱深分析，提供了豐富而具體的資料。

有關訴訟文書，其中有控告借錢不還、車傷小兒、公廨田的佃種與交租、里正霸占口分田、拒將應退田轉與應受戶、灌溉用水的分配、「盜竊」等類的調查與審理記載。「過所」是行旅的通行證，從申請到沿途的嚴格檢查，都得到了較全面的反映。西州置有「市」，管理商業活動。「時沽」是每旬定出諸「行」貨物的三等價格。凡買賣奴婢、大型牲口，均要過一套手續，取得「市券」，方能「合法」成交。天寶年間交河郡時沽中所反映的各地（包括中亞地區）商品雲集西州，其所提供的商品及物價，也是極為重要的經濟史料。

關於水利的建設與管理，除有關「箭桿渠」的維修，徵集百姓外，還及於少數民族部落及夷胡戶、商人。武周時的「堰頭牒」，反映了渠下又置有若干堰，堰頭則要調查和報告當堰灌溉所及之田主、佃作人，土地畝數、作物種類。

在私文書中，各類契券數量最多，有租佃、借貸、買賣（包括奴婢、牲口、房舍等）、僱傭、租賃、互佃等類。就形式而言，是在麴氏高昌的基礎上有所發展，主要是「五保」的出現，及指節印的普遍採用。租佃契中，主要還是定額實物租，但一份合佃契則規定收穫後對分——「二人場上亭分」。一些契券反映田主是出於無奈，而將田佃出，佃人則是因富裕而佃入。借貸契券中，還見有規定如無力償還債務，以「口分田」抵債的記載，反映了通過高利貸進行兼併的現象。天寶七載（748）楊雅俗與某寺互佃契，以及張小承與某人互佃契，反映了在均田制下，由於授田的分散等原因，為便於就近耕作管理，從

而產生「互佃」。

　　來自長安的質庫帖，則是研究民間私營典當的寶貴資料。本地區內以及來自洛陽的書信，其內容除了一般問詢、贈索物品外，還反映了對時弊的詛咒。如一封信中就講到「十羊九牧」、「糧未上場、菜未入甕」，官吏即逼迫交納。

　　諸墓所出古寫本典籍不多，且殘損嚴重。史籍方面則有《漢書》、《三國志》、《晉陽秋》殘卷。高昌郡時期出有《孝經》殘片及西涼建初年間的秀才對策數道。高昌國時期有可能是北魏崔浩注本的《急就章》，正文結尾「備胡羌」句的改動，很是耐人尋味。唐代則出有尚書隸古定本《禹貢·甘誓》篇殘卷，而以鄭注《論語》為最多；兒童啟蒙讀物有唐代作習字的《千字文》；語言文學作品，則有韻書、《文選》、《典言》殘卷；「判集」反映了當時重視法治的傾向；卜天壽所抄《十二月新台辭》，應是民間文藝作品。此外，還有具注日曆、針經、藥方、醫書殘卷。以上所見，都反映了高昌地區文化是追隨中原風尚的。

　　佛教經籍出自墓葬和佛窟遺址之中，有十六國時期《七女經》、西涼建初七年《妙法蓮華經》、北涼緣禾三年《大方等無想大方經》殘卷。還有從河西地區傳入的西涼建初十二年抄本《律藏初分卷三》、北涼太緣二年《佛說首楞嚴經》諸殘卷。唐寫本則多是《法華》、《金剛》、《大般若》等大乘經典。

　　道教傳入高昌地區較遲。據考，高昌國時期，已有道教符籙。唐代，由於政府提倡，西州出現道觀，以及道士、女冠。道教文書中有《五土解》，以及許多醮辭。還有若干道教徒與官民、僧人往來的記載。

　　吐魯番古墓葬的發掘，目前主要限於阿斯塔那、哈拉和卓兩地，

後者所出墓葬較早。就此兩地而言，亦未發掘畢。對伯孜克里克千佛洞的發掘，亦尚屬開端。其餘廣大地區的墓葬、居住遺址、佛窟，尚待進行科學發掘。因此，今後吐魯番文書的發現，未可限量。出土文書雖較敦煌藏經洞所出，殘缺較多，但因是出自墓葬，故關於時代判斷所資旁證遠優於敦煌所出。放眼今後，它將為研究這一地區以至整個這一時期的歷史，提供更多、更豐富的寶貴資料。

（原載鄧廣銘、田珏編：《中國歷史研究知識手冊》，河南人民出版社 1990 年版）

地域文化研究叢書・敦煌文化研究叢刊　A0204006

敦煌吐魯番文書研究　下冊

作　　者　朱　雷
版權策畫　李煥芹
責任編輯　曾湘綾

發 行 人　陳滿銘
總 經 理　梁錦興
總 編 輯　陳滿銘
副總編輯　張晏瑞
編 輯 所　萬卷樓圖書股份有限公司
排　　版　菩薩蠻數位文化有限公司
印　　刷　維中科技有限公司
封面設計　菩薩蠻數位文化有限公司

出　　版　昌明文化有限公司
桃園市龜山區中原街 32 號
電話 (02)23216565
發　　行　萬卷樓圖書股份有限公司
臺北市羅斯福路二段 41 號 6 樓之 3
電話 (02)23216565
傳真 (02)23218698
電郵 SERVICE@WANJUAN.COM.TW
大陸經銷
廈門外圖臺灣書店有限公司
電郵 JKB188@188.COM

ISBN 978-986-496-478-9
2019 年 3 月初版
定價：新臺幣 360 元

如何購買本書：

1. 轉帳購書，請透過以下帳戶
   合作金庫銀行　古亭分行
   戶名：萬卷樓圖書股份有限公司
   帳號：0877717092596

2. 網路購書，請透過萬卷樓網站
   網址 WWW.WANJUAN.COM.TW

大量購書，請直接聯繫我們，將有專人為您
服務。客服：(02)23216565 分機 610

如有缺頁、破損或裝訂錯誤，請寄回更換

版權所有・翻印必究
Copyright©2019 by WanJuanLou Books CO., Ltd.
All Right Reserved　　　　**Printed in Taiwan**

國家圖書館出版品預行編目資料

敦煌吐魯番文書研究 下冊 / 朱雷著.-- 初版.
-- 桃園市：昌明文化出版；臺北市：萬卷
樓發行, 2019.03
　冊；　公分
ISBN 978-986-496-478-9(下冊：平裝)

1.敦煌學 2.吐魯番文書

797.9　　　　　　　　　　108003210

本著作物經廈門墨客知識產權代理有限公司代理，由浙江大學出版社有限責任公司授權
萬卷樓圖書股份有限公司發行中文繁體字版版權。
本書為臺灣師範大學產合作成果。　　　　　校對：　翁澄澄 ／國文系四年級